博物館の収蔵庫問題と
新たなコレクション管理

金山喜昭 編

はじめに

　本書は、2024年5月25日に法政大学で開催されたシンポジウム「博物館の収蔵コレクションの現状と課題を考える」（対面とオンライン配信）と、同年7月16日にオンラインで開催された前回のパネルディスカッションに関するパネラーによる補足説明と参加者との質疑応答の内容を紹介するものである。本シンポジウムは、法政大学資格課程の主催、公益財団法人日本博物館協会の後援により、科研費基盤研究（C）課題番号22K01019「博物館収蔵資料の保管と活用に向けた調査研究」（研究代表者：金山喜昭）の研究助成を受けて行われた。当日の参加者は、対面173名（事前申込み）、オンライン532名にのぼり、多数の報道関係者の取材もあった。

　そもそも本シンポジウムを構想したきっかけは、編者が2008年に法政大学の在外研究でイギリスのロンドン大学（UCL）に在籍した当時、イギリス博物館協会（Museum Association）から「未来のためのコレクション」（Collections for the future）というレポートが出され、満杯になっていた収蔵資料の管理状況を見直すために、再整理や収蔵庫増設をするとともに、コレクションの活用をはかるために、コレクション管理を改善する博物館現場の取り組みを目の当たりにしたことであった。イギリスでは、コレクション・トラスト（Collections Trust）が発行する『スペクトラム』（Spectrum）というコレクション管理の標準書が1990年代から実用化されており、イギリス博物館協会（Museum Association）とも連携しながら進められている。また、イングランド芸術評議会（Art Council England）が運営する博物館認証制度の審査基準にもコレクション管理に関する項目が組み込まれている。

　日本では、2022年4月に博物館法が改正されたとはいえ、法改正は「文化観光」や「デジタル化」事業の推進に重きが置かれ、残念ながら収蔵庫の満杯問題を解決するための具体的な措置が講じられることはなかった。しかし、この問題を放置することは博物館機能の低下を引き起こし、博物館の持続可能性が損なわれるばかりでなく、コレクションという公共の財産を適正に保管管理できない現状はもはや社会問題だともいえる。シンポジウムは、本プロジェクトで実施した公立博物館のアンケート調査結果をデータに、その実態を把握し、情報の共有をはかり、問題解決のための筋道を見出すことを意

はじめに

図して企画した。

　本シンポジウムに相前後する7月10日、奈良県知事が記者会見において、奈良県立民俗博物館の収蔵庫が満杯であることや施設の老朽化を理由に、同館を休館すると発言したことが報道された。知事は、（博物館が）「何でも受け入れてきた」ことにふれて、「収集する基準を示すこと、それに合わないものは廃棄する」という。地方公共団体の首長の公式見解として極めて重いこの発言を、どのように理解するかは意見が分かれるだろうが、奈良県が安易な判断や行動をとることのないように注視していきたい。今や収蔵庫問題の解決に向けた取り組みは、一刻の猶予も許されないことを痛感する。

　本シンポジウムでは、博物館の各分野でご活躍の方々をパネラーに迎え、官民の垣根を越えたフラットな立場で、自由闊達に収蔵庫問題の解決に向けて、お互いに知恵を出し合うことを期待した。その結果、博物館の専門分野（考古、歴史、民俗、自然、理工など）に限らず、コレクション管理に関する共通する問題を炙り出し、その課題解決に向けた方向性を少なからず導き出すことができたと確信している。

　本書がシンポジウムの記録に留まらず、今後、収蔵庫問題を議論するための基礎資料として、そこから多くの示唆や含意を汲み取っていただき、問題解決のための羅針盤になるようであれば、編者としては望外の喜びである。

　末筆ながら、パネラーの皆様には、開催趣旨にご理解とご尽力を賜り心よりお礼を申し上げる。株式会社雄山閣の宮田哲男社長をはじめ編集部の桑門智亜紀氏には、企画段階から出版化に向けてご支援をいただき、本書を完成することができたことに、心より感謝の意を表したい。

2024年11月6日

金山 喜昭

3

●博物館の収蔵庫問題と新たなコレクション管理●目 次

はじめに ……………………………………………………金山喜昭　2

第1章

収蔵庫の満杯問題の所在と課題 ………………金山喜昭　6

第2章

博物館の収蔵庫問題の現状

博物館のコレクション管理状況について
―公立博物館アンケート調査結果より― ………………………石川貴敏　16

高知県立歴史民俗資料館の収蔵庫問題 ………………岡本桂典　28

第3章

博物館の収蔵庫問題の解決に向けた取り組み

栃木県立博物館の収蔵資料の管理と活用
………………………………………………………篠﨑茂雄　40

都立文化施設における収蔵品の収集・保管・活用
………………………………………………………大木香奈　52

第4章

コレクション管理と社会的価値の共有

博物館振興を支えるコレクション管理―課題と展望―…半田昌之　60

博物館政策と収蔵庫問題 ………………………………中尾智行　70

第5章
国内外のコレクション管理の動向

コレクションと社会をつなぐ―イギリスの博物館の取組み―
………………………………………………………………………………… 竹内有理 88

自然史系コレクションの収蔵問題と国際的な動向
………………………………………………………………………………… 栗原祐司 102

第6章 　パネルディスカッション
博物館の収蔵コレクションの現状と課題を考える ………… 110
司会：田中裕二

登壇者：石川貴敏・岡本桂典・篠﨑茂雄・佐々木秀彦・金山喜昭・

半田昌之・中尾智行・竹内有理・栗原祐司

○付録○
博物館収蔵資料の保管と活用に向けた調査研究
　公立博物館アンケート調査結果〔報告書より一部抜粋〕 ………………………… 158

シンポジウム『博物館の収蔵コレクションの現状と課題を考える』開催概要 ………………… 174
科学研究費助成事業基盤研究（c）（課題番号 22k01019）
　「博物館収蔵資料の保管と活用に向けた調査研究」研究組織 ………………………… 176

第1章
収蔵庫の満杯問題の所在と課題

金山喜昭

1　収蔵庫の満杯状態は何が問題なのか

　博物館は人類の有形及び無形の遺産を収集し保管活用する恒久的な文化・教育施設である。しかしながら、近年、博物館は「恒久的な文化・教育施設」だと必ずしも言い切れない状況が浮かび上がってきた。

　今回のアンケート調査[1]（以下、アンケート調査とする）（本書石川論考16頁参照）では、本館の収蔵庫の収容率が「9割以上（ほぼ満杯の状態）」「入りきらない資料がある」と回答した館が74.9％に達した。この数値から推測すると、公立博物館のおよそ4分の3の収蔵庫は満杯かそれに近い状態になっていると考えられる。

　収蔵庫の満杯状態は、どのような問題を引き起こしているのだろうか。それは収集を制限するばかりでなく、収蔵庫の環境を悪化させて、資料の保存にも悪影響を及ぼしている（空調が循環しない、虫害やカビが発生する等）。盗難・紛失など危機管理上の問題も生じ、学芸員のストレスや調査研究の意欲の低下も引き起こす等、多くの館ではそれらの問題は複合化しており、事態は深刻である。

　しかも、こうした問題を抱えているために、コレクションを十分に活用できない状況に陥っていることも、さらに問題を複雑化させている。

2　資料の収集・保管が機能不全に陥った理由

　それでは、「資料の収集・保管」を担う博物館は、どこが、どのような点で機能不全になったのだろうか。多くの博物館は資料の受入れや登録、管理する体制が必ずしも十分とはいえないという事情がある。背景には、1990年

代のバブル崩壊後の「失われた30年」に、博物館でも行財政改革の影響により人員や予算が縮減されたことが指摘される。欧米の博物館のように専門の担当者（レジストラー等）が配置されている館はほとんどなく、アルバイト（会計年度任用市職員）がいれば良い方で、大多数は学芸員が業務の合間にコレクションの管理を行っている。すなわち、多くの博物館では、日常業務として資料の受入れや整理、登録作業が行われているとは言い難い状態となっている。

　また、行政評価が導入されたことにより、入館者数や顧客満足度で目標管理することが当たり前になってきたこともあげられる。さらに最近の博物館法改正と「文化観光」の推進が追い打ちとなり、コレクション管理の作業は優先順位がますます低くなり、多くの博物館では、コレクション管理の業務が手薄になっている。

3　博物館運営上の瑕疵

　こうした問題の背景には、予算、人員、施設ばかりでなく、博物館の運営上にも瑕疵がなかったとはいえない。例えば、学芸員の属人的な判断により資料を収集する、資料の基本情報を共有化していないことがあげられる。組織内の意思統一がはかられておらず、言い方は悪いが、担当者が自由に集めて、本人が異動や退職すると、未登録資料のまま収蔵庫内に放置されてきたものもある。有力者からの「善意の寄贈」を断れずに異物（館の方針や目的に沿わないもの）を受け入れるなどしてきたことも否定できない。

　さらに、アンケート調査や現地調査（本科研費プロジェクト調査）によれば、未登録の資料やコレクション管理方針などの関係文書（規程）や手順書が不備となっている実態も明らかになった。具体的には、①収集方針が定められておらず、学芸員の属人的な判断により資料が収集される。②収集を優先して基本情報（資料名、年代、作者、法量（大きさ）、状態、来歴など）を書き留めて共有化することを怠る。あるいは、整理する時間がとれずに、とりあえず一括で受入れて、必要な情報をとらずに、そのまま放置する。③収蔵資料の登録・管理に関する手順を明文化していない、などである。こうした問題を解決するためには、コレクションを適正に管理し活用をはかる体制の整備を急がなければならない。

4　博物館資料や収蔵庫問題をめぐる不祥事

　博物館の収蔵コレクションは公共の財産であるから、博物館がそれらを適切に維持管理することは当然の責務である。しかしながら、先述した背景の下に、いくつかの博物館のように収蔵資料を巡る問題が露呈化している。例えば、川越市立博物館が保管する市指定文化財「小川家文書」（寄託品）の一部が紛失した問題では、川越市がまとめた調査報告書によれば、資料の受入れ処理が追い付かず、未整理資料が増大していったことや、資料の収蔵に係る必要な体制が構築されていなかったことが指摘されている[2]。浜松市博物館でも同様の紛失事件があった。近世の購入資料（6点）のうち、紛失の発覚後に全点調査をしたところ4点を発見したが、残る2点は不明のままとなっている。浜松市の調査報告書によれば、本館で約9万点、分館も含めると約16万点の博物館資料のうち、電子台帳と紙台帳が混在し、さらに台帳に不備があるなど、整理ができていない状態になっている。博物館内での学芸部門と事務部門との意思疎通の悪さや、学芸部門の間でも専門分野ごとに縦割りになっており、他の業務に自由に口出しできない風土がある。学芸員の資格を有する館長ですら、自分の専門分野以外の業務に口出しできない等の問題が指摘されている[3]。

　また、山梨県立美術館では、指定管理者が再委託事業者の（元）従業員が、収蔵庫の消防設備点検時に、立会者（指定管理者）の監視・監督の隙を見て収蔵庫内の収蔵品を窃取したという事件が起こった。第三者委員会によれば、美術館で管理する収蔵庫の鍵の明確な利用基準や管理マニュアルがなかったことや、県の学芸員が立ち会うことなく、消防設備点検は指定管理者が立ち会うこととされており、収蔵品の管理を行うべき県の学芸員の立ち会いは必要とされていなかったこと等に問題であったと指摘されている[4]。同じような事例は決して限られたものではなく、たとえ判明したとしても公表が控えられているのが実情であろう。

　また、最近では、収蔵庫の満杯問題を巡る奈良県知事の発言が話題になっている。知事は奈良県立民俗博物館の収蔵庫が満杯状態になっていること等を理由に、収集するルールを持たずに集めてきたことを問題視した上で、収集方針をつくり価値のあるものを残して廃棄することを検討すると発言した[5]。

理由はともあれ、地方公共団体の首長が収蔵資料を廃棄すると公言したことは極めて稀である。いち早く日本民具学会からは抗議の「声明」が発出される[6]など、知事発言に対する関係者による今後の動向が注目される。

5　コレクション管理の必要性

　それでは、こうした問題を解決するためにはどうすればよいのだろうか。まずは、コレクション管理の考え方を博物館関係者ばかりでなく設置者（自治体）や市民などとも共有することが必要である。

コレクション管理とは

　コレクション管理とは、収集・保管（収集、受入、整理、登録、目録作成、収蔵など）に、「活用」や「除籍・処分」を組み込み、それらをシステムとして機能させることを目指している。各作業を個別的に捉えるのでなく、「活用」を目的にして、収集や受入れ、整理、登録、目録作成、収蔵などの一連の作業の相互関係を重視して問題の解決をはかろうとすることがコレクション管理の考え方である（金山 2023）。

　例えば、収蔵庫が満杯状態にあるとき、収蔵庫を増設しただけでは問題の解決にはならない。まずは収蔵庫が満杯状態になる様々な要因を構造的に把握することが必要である。例えば、収集方針が定められておらず、学芸員の属人的な判断による収集や、博物館の使命に合わない異物を受け入れること、未整理資料を収蔵し続けていること、資料の登録・管理に関する手順が明文化されないことなどの様々な要因が複合した結果、収蔵庫が満杯になる。もちろん収蔵スペースは物理的に有限であるから、いずれ満杯になるのは必然であり、どこかの時点で収蔵庫を増設することは必要である。しかし、一定のルールや体制を整備せずに収集し続ければ、収蔵庫はすぐに満杯になり問題が生じることは、これまでの経過を省みれば明らかである。

未整備なコレクション管理の関係文書

　ここで留意しなければならないのは、コレクション管理方針の作成と関係文書（規程）等を整備することである。アンケート調査では、コレクション管理に関する文書（コレクションの取得、受入、収蔵管理、公開・活用、処分など、収

蔵資料全般について明文化した文書)の保有率が「すべてある」(1.6%)、「一部ある」(56.9%)と回答した館が合わせて 58.5% である一方、「ない」(31%)、「わからない」(10.5%)というように非保有や認識していない館が 41.5% に達した。筆者による現地調査では、「一部ある」と回答した館でも関係文書の種類はごく限られていることが明らかになっている。また、収蔵資料の登録・管理に関する手順を明文化する文書の有無は「していない」が 75.9%、また収蔵資料の処分に関する規程がないと回答した館は 93% に達した。すなわち、多くの公立博物館は資料の収集や受入、登録整理、収蔵管理、処分などが一定のルールに依って行われているとは必ずしもいえない状況である。

改正博物館法の運用上の限界

改正博物館法では、博物館登録制度が見直されて従来の外形的な基準に替わって質の向上をはかるために、博物館の登録の審査基準を定めるに当たって参酌すべき基準(以下、「参酌基準」とする)が改正博物館法施行規則(以下、「施行規則」とする)に定められた。コレクション管理に関しても「基本的運営方針に基づく博物館資料の収集及び管理の方針を定め、当該方針に基づき、博物館資料を体系的に収集する体制を整備」(施行規則第19条第2号)し、「博物館資料の収集及び管理の方針に基づき、所蔵する博物館資料の目録を作成し、当該博物館資料を適切に管理し、及び活用する体制を整備していること」(同第19条第3号)というように、コレクション管理の基本方針を定め、コレクショ

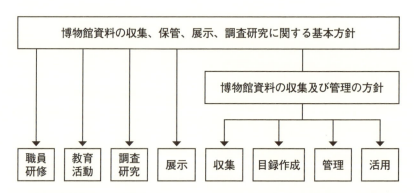

図1　博物館資料の収集、保管及び展示並びに博物館資料に関する調査研究を行う体制
(博物館法施行規則第19条より作図)

ン管理に関する諸作業を体系的に整備することが定められた（図1）。

　文化庁は、都道府県の教育委員会等が登録事務を行えるように、参酌の基準の読み解きを文化庁の「博物館総合サイト」の「博物館関係者向け」のページで限定公開している。それは、「登録審査の観点と確認事項」（以下、「審査基準」とする）として、都道府県等の教育委員会や登録審査の助言者となる有識者等に示されている[7]。

　しかしながら、その解釈には、次のような問題がある。「審査基準」のうち、具体的には「博物館資料の収集及び管理の方針を定め、博物館資料を体系的に収集する体制を整備していること」（施行規則第19条第2号）を確認するための審査の参考書類として、「定款や設置条例等のほか、館が発行している報告書や冊子類、webで公表しているものを出力したもの等」が明示されている点が挙げられる。本来、「博物館資料の収集及び管理の方針」とは、コレクション管理の諸作業を総括する拠り所になるべき文書（例：栃木県立博物館資料の収集、保管、活用等に関する要綱）（本書篠﨑論考40頁参照）であり、定款や設置条例等とは意図や性格が異なるものである。登録博物館には、スタッフがコレクション管理についての目的や意義等を共有するために簡潔な文書を作成することが求められる。ところが、都道府県等の教育委員会は、この「審査基準」に従って審査することが想定されると、「博物館資料の収集及び管理の方針」を作成するという施行規則の規定が実効性を持たなくなるという問題が生じる。

　次いで、「博物館資料の収集及び管理の方針に基づき、所蔵する博物館資料の目録を作成し、当該博物館資料を適切に管理し、及び活用する体制を整備していること」（施行規則第19条第3号）については、「審査基準」における審査の参考書類として「博物館資料の目録（台帳）等」が明示されているのみで、「博物館資料を適切に管理し、及び活用する体制」については全く触れられていない。それでは資料の管理や活用について措置を講じる必要がないものと解釈されてしまう。「審査基準」においては審査の観点も示されているが、それについても同様の問題がある。

　つまり、文化庁が都道府県等の教育委員会に示す「審査基準」は、参酌基準との間に著しい齟齬が生じる内容になってしまい、法改正の趣旨に照らし合わせてコレクション管理上の諸問題を解決するためには不十分となってい

る。よって、今後その「審査基準」は、参酌基準を適正に反映させることが求められる。

イギリスにおけるコレクション管理の取組み

イギリスでは、コレクション管理方針や関係文書を整備することにより、資料の収集をはじめ、受入、登録、収蔵管理、保存、除籍・処分、活用等の一連の作業をシステムとして組織的に運用している。『スペクトラム』というコレクション管理の標準書には、具体的な手続きが示されている。スペクトラム第5版には、①資料の受入（Object entry）、②購入と取得手続き（Acquisition and accessioning）、③所在と移動の管理（Location and movement control）、④台帳（Inventory）、⑤カタログ作成（Cataloguing）、⑥資料の退出（Object exit）、⑦借り入れ（Loans in [borrowing objects]）、⑧貸し出し（Loans out [lending objects]）、⑨ドキュメンテーション計画（Documentation planning）、⑩状態チェックと技術的評価（Condition checking and technical assessment）、⑪コレクションのケアと保存（Collections care and conservation）、⑫評価（Valuation）、⑬保険と損害補償（Insurance and indemnity）、⑭コレクションの緊急時対応計画（Emergency planning for collections）、⑮損傷と損失（Damage and loss）、⑯除籍と処分（Deaccessioning and disposal）、⑰権利関係（Rights management）、⑱複製（Reproduction）、⑲コレクション活用（Use of Collections）、⑳コレクションの再精査（Collections review）、㉑監査（Audit）のうち、日本の博物館登録制度にあたるイギリスの認証制度では①〜⑨をクリアすることは認証を受けるための前提条件になっている（松田2023）。

設置者からの圧力

収蔵庫が満杯だからという理由で資料を廃棄せよ、という設置者からの圧力は、必ずしも奈良県知事の発言に限るものではない。アンケート調査では、設置者などから収蔵資料の処分について意見されたことの有無について、15.7%が「有る」と答えている。具体的には、「収蔵庫がいっぱいなら売りに出せないか」「収蔵庫が一杯なので捨てた方が良い」「ありきたりな民具は処分」「展示していないものは、処分（売却・譲渡など）すればよい」等というものである。

博物館は収集することが基本的な作業の一つだから、コレクションが物理的に増えることは当然のことである。しかし、先述したような恣意的な集め方を続けることは、もはや通用するものではなく、早急に資料の受入れ体制を構築する必要がある。また、博物館の使命に照らし合わせて活用する見込みのないものを保管しつづける体力はもはやなく、除籍・処分を検討することもあり得る。この場合に未登録であることや、来歴等が不明だから資料的価値がないという理由により、処分対象にするのは危険である（学術的価値、倫理や権利関係等が後で生じる可能性がある）。そのリスクを排除するためには、まずは現物と台帳の突合作業をすることから始めて、例えば現物があるのに登録されていない不明品が抽出されれば、その物を受け入れた経緯や由来、来歴を調べるために関係者（当時の学芸員等）に問い合わせる遡及作業をすることが必要である。この遡及作業については、『スペクトラム』（第3版）（Museum Documentation Association 2007）でも説明されている。

処分を検討する対象は、あくまでも登録資料（または、それに準じるもの）が対象で、その中から博物館の使命に則しない異物のほかに破損品（修復して活用の見込みのないもの）、返還（返却）の要求があるもの、有害なもの（人体に対して）等に限られる。「収蔵庫が満杯だから廃棄する」という発想は、あってはならない不可逆的なものである。よって、各館の実情に合わせたコレクション管理方針や、その下に除籍・処分の規程をつくることが求められる。

6　誰にとってのコレクション管理なのか

コレクション管理は、博物館を取り巻く主要なステークホルダー（市民、博物館、自治体［設置者］）に対して、メリットをもたらすことを認識することが重要である。

まずは市民にとってのメリットとは何だろうか。市民が多くの収蔵コレクションを知ることができるようになることである。いつでも誰もがコレクションにアクセスして活用することができるようになれば、豊かな市民生活を築くことができるようになる。市民（個人、地方史研究会、自然観察会、市民ガイドの会等の個人やサークル）による学習活動での活用や、地域の課題を解決するために、収蔵コレクションは貴重な情報源にもなる。学校の「総合的な時間」（小・中学校）や「探究の時間」（高校）の教材開発など教育現場での利用

価値も高まり、専門学校や大学での調査研究でも幅広く利活用することができるようになる。

博物館にとってのメリットは、資料の登録率が高まり、収蔵庫が整理されて、必要な資料の出し入れがスムーズになると、博物館のポテンシャルが確実に向上する。具体的には、調査研究が進むようになり、教育普及の切り口が増えて展示（常設展や特別展、企画展など）の幅が広がる。また、学芸員のストレスが軽減されて、やる気が創出されるだろう。

自治体にとってのメリットは、まず公的財産について説明責任を果たすことになる。地方公共団体は市民からの信託を受けて職務を執行している。それは博物館でも同じである。博物館の収蔵コレクションは税金で購入されたものや、寄贈品や採集品でも保管するために公費が投入されている。自治体は納税者（市民）に税金の使い道を説明する責任があるはずである。適切なコレクション管理が行われていれば、もし市民からコレクションの管理状況に対する情報開示の請求があったとしても、コレクション情報をいつでも提供することができる。

次いで、コレクションに関する情報を行政関係機関に提供することができるようになる。自治体はこうした情報を政策立案や自治体の魅力発信などに活用することができる。某県は、コレクションを県の産業研究センターとの連携事業に活用している。さらに、改正博物館法による登録博物館制度の趣旨に則して博物館を運用していることを示すこともできる。

7　問題の解決に向けて

いろいろな方策はあるだろうが、一つは、博物館の使命の下に、コレクション管理方針など関係文書（規程）を作成することである（本書篠﨑論考40頁参照）。そのためのツールとして、日本博物館協会が作成した『資料取り扱いの手引き』（日本博物館協会2004年）に具体的事例等を加えて改編する、国内博物館の実態に則した「日本版スペクトラム」のような標準書を作成し、普及することが急務である。文化庁には今後、見直しが予定されている「博物館の設置及び運営上の望ましい基準」（告示）に、コレクション管理方針や関係文書の整備を促す文言を明記することを期待したい。さらに、埋蔵文化財行政においては既に実現しているように、未整理品の台帳登録、整理、分類、収

納作業やそれに必要な施設や設備の整備ができる「地域の特色ある埋蔵文化財活用事業費国庫補助事業」に倣って、(仮)「コレクション管理事業（補助金）」の創設を求めたい。

註

(1) 金山喜昭、石川貴敏　2024 博物館収蔵資料の保管と活用に向けた調査研究（公立博物館アンケート調査結果）報告書、p.175
https://shikaku.i.hosei.ac.jp/?action=common_download_main&upload_id=1269

(2) （川越市）教育総務課 令和 6 年 2 月『調査報告書』:
https://www.city.kawagoe.saitama.jp/shisei/kochokoho/kohokawagoe/PressRelease/R05Press/202403_press/240308kyoso.files/houkokusyo.pdf（2024 年 7 月 10 日閲覧）

(3) 浜松市博物館資料紛失再調査委員（2022 年 12 月）『調査報告書』:
https://www.city.hamamatsu.shizuoka.jp/documents/147723/chousahoukoku.pdf（2024 年 7 月 10 日閲覧）

(4) 県立美術館収蔵品盗難事案に関する第三者委員会 令和 5 年 1 月 31 日『県立美術館収蔵品盗難事案に関する報告書』:
https://www.pref.yamanashi.jp/documents/106790/20230131hokokusyogaiyo_v2.pdf（2024 年 7 月 10 日閲覧）

(5) 奈良県ホームページ : https://www.pref.nara.jp/63365.htm（2024 年 7 月 15 日閲覧）

(6) 日本民具学会ホームページ : https://mingu-gakkai.com/seimei_20240718.php（2024 年 7 月 25 日閲覧）

(7) その内容は文化庁ホームページの「博物館総合サイト」の博物館関係者向けに限定公開しているが、一般には非公開扱いになっている : https://museum.bunka.go.jp/（2024 年 5 月 10 日閲覧）

引用・参考文献

金山喜昭　2023「序章 コレクション管理の考え方と方法」『博物館とコレクション管理（増補改訂版）』雄山閣、pp.9-10

松田　陽　2023「イギリスのコレクション管理制度」『博物館とコレクション管理（増補改訂版）』雄山閣、pp.78-87

Museum Documentation Association, 2007, *SPECTRUM: The UK Museum Documentation Standard*, pp.209-213

第2章 博物館の収蔵庫問題の現状

博物館のコレクション管理状況について
―公立博物館アンケート調査結果より―

石川貴敏

1　公立博物館アンケート調査の概要

「博物館収蔵資料の保管と活用に向けた調査研究」（独立行政法人日本学術振興会 科学研究費助成事業 基盤研究（C）22K01019／研究代表者：金山喜昭、研究期間：2022〜2025年度）として、2023年（令和5）2月〜同年3月の期間に全国500館の公立博物館を対象にアンケート調査を行ない、317館（回収率63.4%・全て有効回答と認めた）から回答を得ることができた。

本調査研究は、コレクション管理の適正化をはかる観点から、国内外の博物館の実態を明らかにし、収蔵庫問題の解決策を立案することを目的に据えている。そこで、国内の公立博物館の実態を把握するために、アンケート調査を行なうことにした。

アンケート調査の内容は、次の3つの区分に設問を整理した。
　①回答館の基本データに関する設問
　　開館年月、指定管理者制度、館の延床面積、館内の収蔵施設（収蔵庫）の規模、館外の収蔵施設（収蔵庫）の規模、収蔵施設（収蔵庫）のリニューアル（増築・増設・改修）など
　②コレクションの管理に関する設問
　　収蔵資料の登録・管理業務、未整理資料、収蔵資料の登録・管理に関する手順の明文化、コレクション管理に関する文書、収蔵品管理システム、収蔵資料を紙やデータベースで管理する上での課題や問題点、館内の収蔵施設（収蔵庫）の使用状況、館外の収蔵施設（収蔵庫）の使用状況、収蔵施設（収蔵庫）の統合再編、収蔵施設（収蔵庫）の満杯問題

による問題と講じている対応策、資料購入予算、収蔵資料の処分など
③コレクションの公開と活用に関する設問

収蔵資料の公開と活用に対する意識、収蔵資料にアクセスするための公開方法、収蔵資料の閲覧・公開に関する制度、常設展示、収蔵資料を用いたアウトリーチ、収蔵施設（収蔵庫）の公開、収蔵資料のデジタル化による公開、目録情報の公開・提供、収蔵資料のデジタル化が進まない理由、収蔵資料の公開に対する利用者からのニーズ、収蔵資料の公開と活用が進まない理由、支援団体や専門家との協力体制、収蔵資料の保管と活用に関する課題など

調査は、全国の公立博物館500館にアンケート調査書類（調査票など）を郵送し、回答の協力を呼び掛けた。なお、調査対象500館の選定については以下の通り実施した。

〈調査対象の選定について〉

以下の条件を設定し、調査対象の公立博物館を選定した。

・都道府県立および市区町村立の施設
　政令指定都市立の施設を含む
・総合博物館、歴史博物館、美術博物館（美術館）、自然史博物館、郷土博物館、民俗博物館、文学館
・コレクションを所蔵している施設
　展示・ガイダンスのための施設で、コレクションを所蔵していない施設は選定しない
・47都道府県全ての施設を対象に選定
　「平成30年度文部科学省社会教育調査」の結果（登録博物館・博物館相当施設・博物館類似施設の数）をもとに、500館の都道府県別配分を算定し、各都道府県の対象施設数を特定した
・2010年以前に開館した施設を選定
　近年開館（移転・建て替えを含む）した施設は選定しない
・できるだけテーマ館や個人記念館は選定しない
・現在、収蔵庫対応を含めリニューアル（設計・施工）に取り組んでいる施設は選定しない

〈回収結果について〉

第 2 章　博物館の収蔵庫問題の現状

　アンケート調査の結果、都道府県立 96 館、政令指定都市立 25 館、市立
173 館（政令指定都市立の施設を除く）、区立 4 館（東京特別区の施設）、町立 18 館、
村立 1 館から回答を得ることができた。また、調査準備段階で留意した結果、
47 都道府県全ての公立博物館から回答を得ることができた。

　なお、「①館の基本データに関する設問」で、回答館の収蔵施設（収蔵庫）
の規模（面積の合計値）を尋ねたところ、同一敷地内における収蔵施設（収蔵
庫）の面積（合計値）は、平均値 640.0㎡、中央値 370.5㎡（304 館が回答）となり、
「500㎡未満」の回答館（173 館）は、全体の 56.9% を記録した。一方、「1,000㎡以上」
の回答館（65 館）は、全体の 21.3% である。また、敷地外における収蔵施設（収
蔵庫）の面積（合計値）は、平均値 883.1㎡、中央値 530.0㎡（93 館が回答）となり、
同一敷地内における収蔵施設（収蔵庫）より大きい数値を示している。「500㎡
未満」の回答館（42 館）は、全体の 45.3% を記録した。一方、「1,000㎡以上」
の回答館（25 館）は、全体の 26.9% である。

2　公立博物館におけるコレクション管理の現状と課題

　ここでは、「②コレクションの管理に関する設問」への回答結果をもとに、公
立博物館のコレクション管理の現状や学芸員・職員の意識について報告する[1]。
　収蔵資料の登録・管理業務[2] をどの程度行なっているかについて尋ねたとこ
ろ、最も多く回答が寄せられたのは「不定期に行なっている」である。全体の
半数以上の館（176 館）が「不定期に行なっている」と回答した。収蔵資料の登録・
管理業務を「定期的に行なっている」と回答した館（83 館）は、全体の 4 分の
1 程度である。収蔵資料の登録・管理業務を「あまり行なっていない」「行なっ
ていない」と回答した館（54 館）は、全体の 17.3% を記録した。収蔵資料の
登録・管理業務を定期的に行なっている館は多くないことがわかる（表 1）。
　次いで、未整理資料の有無について尋ねたところ、未整理資料があると回
答した館（235 館）は、全体の 4 分の 3 を記録した。未整理資料がある館が多
いことがわかる（表 2）。
　未整理資料があると回答した館に、その割合は収蔵資料全体のどの程度に
あたるのかについて尋ねたところ、平均値は 22.1%、中央値は 15.0% という
結果であった（202 館が回答）。収蔵資料全体の「10% 未満」「10%〜20% 未満」
と回答した館（102 館）は、回答全体の半数以上を示した。一方、収蔵資料全

博物館のコレクション管理状況について

表1 収蔵資料の登録・管理業務の状況

	回答館	構成比
1. 定期的に行なっている	83	26.5%
2. 不定期に行なっている	176	56.2%
3. あまり行なっていない	45	14.4%
4. 行なっていない	9	2.9%
全体（n値）	313	100.0%

表2 未整理資料の有無

	回答館	構成比
1. ある	235	75.1%
2. ない	78	24.9%
全体（n値）	313	100.0%

表3 未整理資料の割合

収蔵資料全体の（ ）％程度で回答	全体（n値）＝ 202
平均値（%）	22.1
中央値（%）	15.0
最大値（%）	100.0
最小値（%）	0.1

表4 未整理資料の割合（区分別集計結果）

収蔵資料全体の（ ）％程度で回答	回答館	構成比
10% 未満	54	26.7%
10% ～ 20% 未満	48	23.8%
20% ～ 30% 未満	33	16.3%
30% ～ 40% 未満	27	13.4%
40% ～ 50% 未満	12	5.9%
50% ～ 60% 未満	11	5.4%
60% ～ 70% 未満	7	3.5%
70% 以上	10	5.0%
全体（n値）	202	100.0%

体の50％以上が未整理であると回答した館（28館）は、全体の13.9％を記録した。収蔵資料全体の50％以上が未整理であると回答した館をはじめ、各館で未整理資料を減らしていけるように取り組む必要がある（表3・表4）。

「収蔵資料の登録・管理に関する手順」を明文化しているかについて尋ねたところ、明文化していると回答した館（75館）は全体の約4分の1を示した。全体の4分の3以上の館（236館）は明文化していないことがわかった。博物館としてしっかり収蔵資料の登録・管理に取り組んでいくためには手順の明文化は必須である。明文化に向けた取り組みの推進が必要である（表5）。

また、コレクション管理に関する文書[3] の有無について尋ねたところ、「ある（すべてある）」「一部ある」と回答した館（183館）は、全体の半数以上を記

録した。一方、全体の３割の館がコレクション管理に関する文書は「ない」と回答し、全体の１割の館がコレクション管理に関する文書があるか「わからない」と回答した。なお、コレクション管理に関する文書が「すべてある」と回答した館は５館である。今回の調査は、国内の主な公立博物館 500 館を対象にした調査であるため、コレクション管理に関する文書が「ない」「（あるか）わからない」と回答した館が全体の 41.5% を記録したことは、大きな課題であると捉えている。中小規模の博物館を加えた調査を行なった場合はさらに深刻な状況を示すに違いない（表6）。

　コレクション管理に関する文書について「ある（すべてある）」「一部ある」と回答した館に、コレクション管理に関する文書に従って体系的な資料の収集・管理を行なっているかを尋ねてみると、コレクション管理に関する文書はあるが、それに従って体系的な資料の収集・管理を行なっていないと回答した館は、全体の２割近くを記録した。文書の作成にとどまらず、定めた文書に従って資料の収集・管理を進めていくことも求められる（表7）。

　館にコレクション管理に関する文書がない場合、何を判断基準にしてコレクション管理を行なってきたかを尋ねた結果、回答[4] をまとめてみると、次のような基準で判断を行なっていることがわかった。

- ・「責任者や学芸員、担当者の判断」
  学芸員の感覚で受入の可否などを管理し、活用・処分も同様に適宜判断している　など
- ・「引継ぎ・慣習による判断」
  開館時に定めた慣習に従い、学芸員が随時対応している
  学芸員の口伝や口頭での共有認識で対応している
  分野別に先代学芸員からの一子相伝で取り組んでいる　など
- ・「資料の価値や特性に基づいて判断」
  地域に関係なくともその資料自体の希少性・重要性で判断している　など
- ・「委員会・委員による判断」
  資料収集委員の助言や指導を受けている　など
- ・「（コレクション管理に関する文書に）類する資料や館内の方針に基づいて判断」
- ・「収蔵品台帳・データベースの項目などに基づいて判断」
- ・「館の状況に応じて判断」

博物館のコレクション管理状況について

表5　収蔵資料の登録・管理に関する手順の明文化

	回答館	構成比
1. している	75	24.1%
2. していない	236	75.9%
全体（n 値）	311	100.0%

表6　コレクション管理に関する文書の有無

	回答館	構成比
1. ある（すべてある）	5	1.6%
2. 一部ある	178	56.9%
3. ない	97	31.0%
4. わからない	33	10.5%
全体（n 値）	313	100.0%

表7　コレクション管理文書に基づいた取組状況

コレクション管理に関する文書に従って、体系的な資料の収集・管理を行なっているかについて回答	回答館	構成比
1. 行なっている	142	81.1%
2. 行なっていない	33	18.9%
全体（n 値）	175	100.0%

表8　館内の収蔵施設（収蔵庫）の使用率

	回答館	構成比
1. 3 割未満	1	0.3%
2. 3 割以上、5 割未満	1	0.3%
3. 5 割以上、7 割未満	5	1.6%
4. 7 割以上、9 割未満	72	22.9%
5. 9 割以上（ほぼ、満杯の状態）	131	41.6%
6. 収蔵施設（収蔵庫）に入りきらない資料がある	105	33.3%
全体（n 値）	315	100.0%

　　既存資料の収蔵・管理状況を考慮して総合的に判断　など
　・「行政の指針や行政などとの協議による判断」
　　行政の指針に従う　など
　館内の収蔵施設（収蔵庫）[5] について、どの程度既に使用しているかを尋ねたところ、最も多かったのは、既に「9 割以上」を使用している（ほぼ、満杯の状態）という回答であり、次いで多かったのは既に「収蔵施設（収蔵庫）に入りきらない資料がある」という回答であった。この 2 つの回答を合わせると、全体の 74.9%（236 館）を示している。一方、館内の収蔵施設（収蔵庫）の使用率は「7 割未満」であるという館はわずか 7 館であった。全体の 7 割以上の館がほぼ満杯、入りきらない状況にあると報告していることは、収蔵施設（収蔵スペース）の確保やこれからの使い方（コレクション管理のあり方）について至急、対策を講じなければ、館としての持続性や発展性に支障が生じると理解した（表8）。

第 2 章　博物館の収蔵庫問題の現状

　館外の収蔵施設（収蔵庫）[6] を有しているかを尋ねたところ、有していると
回答した館（125 館）は、全体の約 4 割程度を記録した（表 9）。館外の収蔵施設（収
蔵庫）を「有している」と回答した館に、館外の全ての収蔵施設（収蔵庫）に
ついて、その収蔵施設（収蔵庫）はどのような施設であるかを尋ねた結果、「他
の公共施設（旧博物館・資料館などを含む）を活用・転用」していると回答した館（71
館）が最も多く、回答率は 56.8% を示した。次いで、「廃校（旧校舎）を活用・
転用」していると回答した館（64 館）が多く、こちらも回答館の半数以上（回
答率 51.2%）を示した（表 10）。

　館外の収蔵施設（収蔵庫）[7] について、どの程度既に使用しているかを尋ねた
ところ、最も多かったのは、「館内の収蔵施設（収蔵庫）の使用率」の結果と同じく、
既に「9 割以上」が使用されている（ほぼ、満杯の状態）という回答であった。次
いで多かったのは、既に「7 割以上、9 割未満」が使用されているという回答で
ある。既に「9 割以上」が使用されている（ほぼ、満杯の状態）という回答と、「収
蔵施設（収蔵庫）に入りきらない資料がある」という回答を合わせると、全体の
46.8% を示している。全体の半数近くの館では、館外の収蔵施設（収蔵庫）も使
い切っている状態に近いことがうかがえる。館外の収蔵施設（収蔵庫）の使用
率は「7 割未満」であるという館は、全体の 4 分の 1 程度であった（表 11）。

　今回の調査では、収蔵施設（収蔵庫）が「満杯状態」だとどのような支障（問題）
が生じているかについて回答してもらった。註（1）の報告書に回答館の意見
を掲載しているが、以下に主なものを挙げる。

　　・日常的に収蔵場所の確保に苦慮している

　　・資料の受入を断念しなければならないケースがある

　　・大型彫刻作品が多く、全体的に空間が不足。彫刻作品の一部が、壁面
　　　などへの固定ができていない。同様に、通路の確保が困難となり、作
　　　品の出し入れ時に危険。絵画についても収納棚が不足しており、大型
　　　作品を中心に壁面や棚側面などに立てかけている

　　・利用上の危険性（頭上から資料が落ちてくる可能性がある）

　　・省スペースとなるよう、収納箱を移動可能なキャリーにできる限り高く
　　　積み上げ、収蔵庫内の通路に配置していることから、収蔵場所が変化した
　　　り、資料の出納に時間と労力を要したりする。湿度はある程度一定に保
　　　たれているものの、資料が飽和状態であることから、通気性に課題がある

22

博物館のコレクション管理状況について

表9　館外の収蔵施設（収蔵庫）の有無

	回答館	構成比
1. 有している	125	39.8%
2. 有していない	189	60.2%
全体（n 値）	314	100.0%

表10　館外の収蔵施設（収蔵庫）の種類

どのような施設であるか ＊館外の全ての収蔵施設（収蔵庫）について（複数回答）	回答館	回答率
1. 廃校（旧校舎）を活用・転用	64	51.2%
2. （学校の）空き教室を活用・転用	11	8.8%
3. 他の公共施設（旧博物館・資料館などを含む）を活用・転用	71	56.8%
4. 民間の倉庫を賃借	10	8.0%
5. その他	20	16.0%
全体（n 値）	125	

表11　館外の収蔵施設（収蔵庫）の使用率

	回答館	構成比
1. 3 割未満	6	4.8%
2. 3 割以上、5 割未満	6	4.8%
3. 5 割以上、7 割未満	19	15.3%
4. 7 割以上、9 割未満	35	28.2%
5. 9 割以上（ほぼ、満杯の状態）	47	37.9%
6. 収蔵施設（収蔵庫）に入りきらない資料がある	11	8.9%
全体（n 値）	124	100.0%

＊構成比は小数点以下第2位を四捨五入しているため、合計しても必ずしも100とはならない

・収集の必要性を認めながらも収蔵スペースの問題で受入を断念する事例も出てきており、資料を利用する機会の損失や資料群の散逸などの支障が出ている

・材質が異なるもの（日本画と油彩画など）を別々に管理することが不可能

・収蔵資料の出し入れが容易でない（整理ができていなかったり、館外収蔵庫までは車での移動が必要であり、また冬期は雪のために出入り不能）ため、資料の有効活用（教育普及、研究など）が困難

・分散収蔵することによる全体の管理の煩雑化

・適切な収蔵環境の維持が難しいため、保管する資料を選別している（紙類などは保管できない）

・失われる地域資料や地域の文化を保護できなくなる

・企画展で展示する際に探し出すのが困難なほど収蔵物が増えている

・収蔵資料が取り出せない、職員が通る通路が確保できない、地震時に床に積んだ中性紙箱が落下し、再整理に時間を要するなどの課題がある

第 2 章　博物館の収蔵庫問題の現状

　　・満杯だと、庫内の環境が悪化したり、作品の出し入れが困難になるなど、
　　　作品にダメージを与える可能性が高くなる
　　・資料の配架位置を確定させることができず、管理上問題がある

　こうした支障（問題）に対してどのような対策を講じているか、収蔵スペース不足という課題解決に向けて、設置者にどのような働きかけを行なっているかについての回答なども註 (1) の報告書に掲載している。

　2021 年度（前年度）の資料購入予算について尋ねた結果、最も多かったのは、資料購入の「予算はなかった」と回答した館であり、回答全体の 58.3% を示した。「100 万円未満」に該当する館は 69 館（全体の 22.1%）であり、「1000 万円未満」に該当する館は 114 館（全体の 36.5%）である。一方、「1000 万円以上」と回答した館は 16 館（全体の 5.2%）であった。各都道府県に所在する主な公立博物館を対象に調査した結果であるが、資料購入予算はほとんどの館で十分に確保できていないことがわかる（表 12）。

　収蔵資料の処分 [8] を行なったことがあるかについて尋ねた結果、行なったことが「ある」と回答した館（105 館）は、全体の 3 分の 1 程度を示した。この結果は、調査前に想定していた数値を大きく上回ったものであり、既に各地で収蔵資料の処分が行なわれていることがわかった（表 13）。処分の概要、処分した理由、どのような資料を対象にしたかについては、註 (1) の報告書に 103 館から寄せられた回答を掲載している。収蔵資料の処分を行なったことがない館には、処分しないもしくは処分できない理由を尋ね、註 (1) の報告書に 150 館から寄せられた回答を掲載している。

　収蔵資料の処分に関する規程があるかを尋ねた結果、「ある」と回答した館は 22 館（全体の 7.0%）であった（表 14）。収蔵資料の処分に関する規程の作成について検討したことがあるかについて尋ねた結果、検討したことが「ある」と回答した館は 36 館（全体の 14.0%）を記録した（表 15）。収蔵資料の処分を行なったことがあるという実態に比して、処分に関する規程の作成や規程の検討は少ないのが実状である。収蔵施設（収蔵庫）不足という大きな課題に直面している現在、博物館として計画的にコレクション管理を行なっていくためには、如何なる状況において、如何なる資料を、如何なる手順で、如何なる処分を行なうのかをあらかじめ定めておく必要がある。

　収蔵資料の処分に関する規程はあったほうがいいと思うかを尋ねた結果、

博物館のコレクション管理状況について

表12　資料購入予算（2021年度：前年度）

	回答館	構成比
1. 予算はなかった	182	58.3%
2. 10万円未満	16	5.1%
3. 10万円以上、50万円未満	38	12.2%
4. 50万円以上、100万円未満	15	4.8%
5. 100万円以上、500万円未満	38	12.2%
6. 500万円以上、1000万円未満	7	2.2%
7. 1000万円以上、3000万円未満	9	2.9%
8. 3000万円以上、5000万円未満	3	1.0%
9. 5000万円以上、1億円未満	1	0.3%
10. 1億円以上	3	1.0%
全体（n値）	312	100.0%

表13　収蔵資料の処分（実施）の有無

	回答館	構成比
1.（行なったことが）ある	105	33.4%
2.（行なったことが）ない	189	60.2%
3. わからない	20	6.4%
全体（n値）	314	100.0%

表14　収蔵資料の処分に関する規程の有無

	回答館	構成比
1. ある	22	7.0%
2. ない	291	93.0%
全体（n値）	313	100.0%

表15　収蔵資料の処分に関する規程作成の検討

	回答館	構成比
1.（検討したことが）ある	36	14.0%
2.（検討したことが）ない	222	86.0%
全体（n値）	258	100.0%

表16　収蔵資料の処分に関する規程の必要性

あったほうがいいと思うか	回答館	構成比
1. そう思う	174	57.8%
2. そう思わない	127	42.2%
全体（n値）	301	100.0%

「そう思う」（あったほうがいいと思う）と回答した館（174館）は全体の半数以上（57.8%）を記録した（表16）。「そう思う」（あったほうがいいと思う）と回答した館に、収蔵資料の処分に関する規程はどのように役立てられると思うかを尋ねた結果、160館から回答を得ることができた。註（1）の報告書に回答館の意見を掲載しているが、以下に主なものを挙げる。

　　・処分しなければならない状況時の指針となり、廃棄資料について説明

する際の根拠となり得る

・処分の正当な理由づけ、処分を公表する際の内外への説明に役立つ

・基準を定めることで、処分してはならない資料を誤って処分してしまうことを防いだり、逆に処分が必要なのになかなか処分できない資料を処分しやすくなる

・資料の交換と譲与に関する規程はあるが、他の処分内容に関する規程がないので、決めておいた方が今後の対応がしやすくなる

・処分の規程は後世に遺すべき資料を遺すことに役立てられる

・第三者の意見などを得て処分できるような規程があればと思う。専門的な人が処分の判断にかかわることができるようになる

・資料価値は将来的に高まるものがあることや、過度な資料厳選の動きにつながる恐れがあることから、厳格な規程を設けて処分を実施すべきである

・収蔵方針の一部として処分も位置付けて考えるほうが良い。限りあるスペースの有効活用や館独自の収蔵資料の特性を引き出すための方法として処分も位置付けたほうが良い

・職員が替わっても、客観的な基準に基づいて判断できる

・資料が被災した場合や、博物館の統廃合時に必要となる

・無暗な資料処分を抑制する規程を設けることが可能と考える

・博物館資料の廃棄は慎重を期すべきだが、廃棄してはいけないという議論は、現場からすると現実とかなりかけ離れており、負担の軽減や機能の強化にはつながらない

など、収蔵資料の処分に関する規程を定めることに対して、全体的に肯定的な意見が多く寄せられた。

・収蔵庫のスペースが飽和するなかで、処分が検討できないものであるならば、「処分は行なわない」旨を明文化しておく。明文化しておくことで、設置者に対して、増設・増築などの必要を働きかける根拠とすることもできる

という意見も見られた。

今回の調査では、設置者などから、収蔵資料の処分について意見されたことがあるかについても尋ねた。設置者などから寄せられた意見を見ると、公立博物館が直面しているコレクション管理の状況（課題）を看取することができる。「収蔵資料は市民の共有財産であるため、処分については慎重に判断してほしい。

処分する必要が生じた場合は、寄贈者に対しても十分な説明を行なった上で手続を進めてほしい」「寄贈を受ける際に、将来的な処分を含め取り扱いの同意をとってはどうか」という意見も見られたが、以下の回答の方が多く見られた。

　　・保管場所がないなら資料の処分を検討できないか
　　・このまま資料を処分せずに収集した場合、収蔵場所が不足することから、収蔵資料を取捨選択して処分を検討すべきではないか
　　・収蔵庫がいっぱいなら売りにだせないか
　　・展示していないものは、処分（売却・譲渡など）すればよいのではないか
　　・寄託作品を寄託者に返却できないか　　など

　2023 年に行なった公立博物館のアンケート調査結果をもとに、現在の博物館のコレクション管理状況を記してきたが、設置者などから寄せられた意見は、収蔵庫の満杯問題を踏まえ、将来を展望したコレクション管理のあり方について早急に協議を進め、対応策を講じていかなければならないことを感じさせるに十分である。公立博物館でこうした問題に取り組むためには、市民や利用者の理解が不可欠である。現状の博物館について、理解や共感につながるさらなる周知が必要である。

　註
　(1) アンケート調査の結果は、『博物館収蔵資料の保管と活用に向けた調査研究（公立博物館アンケート調査結果）報告書』（2024 年 5 月）に全て掲載している。報告書は、法政大学資格課程 HP（https://shikaku.i.hosei.ac.jp/?page_id=29）に掲載されている。報告書の URL は https://shikaku.i.hosei.ac.jp/?action=common_download_main&upload_id=1269 である。報告書には、都道府県別回答館数や地方別回答館数についても掲載している。
　(2) 管理業務には、資料・作品のコンディションチェック（劣化していないか）や資料・作品の棚卸し（台帳との突合）を含む、と記して尋ねた。
　(3) コレクション管理に関する文書とは、コレクションの取得、受け入れ、登録、目録作成、収蔵管理、公開・活用、処分など、収蔵資料全般について明文化した文書（要綱、要領、方針など）である、と記して尋ねた。
　(4) コレクション管理に関する文書が「ない」と回答した館（97 館）のうち、86 館が回答した。
　(5) 館内の収蔵施設（収蔵庫）とは、館と同一敷地内における収蔵施設（収蔵庫）である、と記して尋ねた。
　(6) 館外の収蔵施設（収蔵庫）とは、館の外部（敷地外）にある収蔵施設（収蔵庫）である、と記して尋ねた。
　(7) 館外の収蔵施設（収蔵庫）を複数有している館もあるため、回答館には館外の全ての収蔵施設（収蔵庫）を総括して回答するよう促した。
　(8) 収蔵資料の処分とは、廃棄、移管、他館への寄贈、売却、教育資料にまわすなどである、と記して尋ねた。

高知県立歴史民俗資料館の
収蔵庫問題

岡本桂典

1 高知城懐徳館と私設博物館の収蔵庫

　高知県立歴史民俗資料館の収蔵庫問題を考えるにあたり、明治～昭和時代の収蔵庫機能を有した施設の変遷をみておきたい。なお、図書館にも史料が収蔵されていたことから、県立図書館等についても少し触れておきたい。

　高知城には博物館機能を有した転用施設があったことから、まず高知城について述べておく。高知城は廃藩後、多くの建物が取り壊され、本丸の一部（懐徳館・納戸蔵・西多聞・東多聞・廊下門など）と追手門、そして矢狭間塀などが残された。1871 年（明治 4）山内家は城を県に譲渡、1873 年に高知公園となり建物も活用された。1879 年には、懐徳館[1] に高知書籍館が仮設され、これが高知県の図書館の端緒となった。その後、1916 年（大正 5）に県庁西端の付近に県立図書館が開館するが、1945 年（昭和 20）の戦火により蔵書 13 万冊とともに全焼した。

　1913 年、高知公園懐徳館協賛会が組織され、懐徳館は歴史参考品、美術工芸品の展示施設として発足した。1930 年には、懐徳館協賛会が廃され県の施設となった。高知城は 1934 年に国宝となり、1950 年に、文化財保護法の施行により重要文化財となった。

　終戦前後には一時休館し、高知城の修理（1951～1959）に伴い展示制限が設けられ、1959 年の竣工後は廊下門、東多聞、天守の 1・2 階に陳列室を設けている。つまり重要文化財である高知城は、文化財を保存しながら建物を公開し、さらに高知県の郷土資料の収集、保管、展示公開を行う博物館機能も有したのである。所蔵資料は、考古資料、民俗資料、絵画、書籍類、陶磁器類、刀剣類など約 2,000 点とされており、このことから高知県で初めての県収蔵施設が高知城にあったことが推測される。

　私設図書館では、高岡郡佐川町の佐川郵便の局長であった川田豊太郎が

図1　青山文庫（青山文庫絵葉書より）　　図2　青山文庫宝庫内（青山文庫絵葉書より）

1910年に川田文庫を創設した。1925年には、財団法人青山会が発足し、川田文庫は青山文庫となった。この青山文庫に深く関わったのが元宮内大臣田中光顕である。田中は志士の遺墨や遺品を収集し、昭和初期に青山文庫に寄贈した。1934年には、青山文庫に宝庫兼陳列館・郷土博物室が完成し、考古室も設け、高知県では初めての財団法人の博物館施設となった。この時に宝庫つまり収蔵施設も設置されたのである。高知県では初めての本格的な収蔵庫であったと考えられる。このことを示す写真が青山文庫絵葉書に残っている。『青山文庫繪葉書 第一輯 財團法人青山會發行』の絵葉書の1枚（図1）の右隅に、右から左に「青山文庫 寶庫兼陳列館」と書かれている。つまりこの建物が青山文庫の収蔵庫兼陳列館である。建物の窓は鉄の扉を付け、人が入らないようにしている。また1階と天井部あたりに排気孔と思われるものが設置されている。図2の絵葉書には右下に右から左に「青山文庫寶庫内 維新志士遺墨 田中伯爵寄贈」とあり、この絵葉書の写真が宝庫内、つまり収蔵庫内であり、桐箱に番号などを付され、整理され収蔵されていることがわかる。

　青山会の経営となってからは寄付金などで諸経費は賄えていたが、戦後、青山文庫は建物の老朽化や経営困難のため、1963年に高知県が佐川町から用地の寄贈を受け、県立郷土文化会館分館青山文庫として開館した。その後、青山文庫の運営を佐川町に委託、1991年（平成3）に佐川町に青山文庫を譲渡し、1992年に佐川町立青山文庫として再開館することになる。

　さて、懐徳館は高知城を利用した施設であったためか収蔵庫がなく、展示・保存という形をとっていたと考えられる。但し、一部西多聞櫓に棚を設置し考古資料や民具などを納め収蔵施設としていた。民具に関しては民俗学者の桂井和雄が収集した約200点が収蔵されていたが、終戦前後に管理不備のた

第2章　博物館の収蔵庫問題の現状

め盗難にあったりして散逸している。これは民具に限ることではないようだ。かつて、寄託者からの聞き取りによると、昭和40年代には展示資料をポケットに入れて持ち帰る不届き者がいて、寄託資料のほとんどが散逸したと立腹されていたことを記憶している。

　天守閣2階には、歴史資料の展示と合わせ開戸棚が設置され、考古資料などが納められていた。高知県立歴史民俗資料館に移管する以前の考古資料の中には、青山文庫の考古資料も含まれていた。これが考古資料のみに限られたことなのかは明確ではない。青山文庫から県へ寄贈された時の資料と考えられる。その後、県教育委員会が収蔵施設や資料管理を十分行っていなかったため、1980年には宮地俵吉が主体となり「整理計画」を作成し、県内出身の大学生らが帰京時に考古・民俗資料整理を手伝った。

　一方、1969年には明治百年記念事業の一環として郷土文化会館が高知公園（高知城）に隣接して開館している。高知県立郷土文化会館の設置及び管理に関する条例（1969年10月15日条例第31号）には「郷土の歴史、民俗の資料及び県内外の美術工芸品等を収集し、保管し、及び展示して郷土の文化及び芸術の振興に寄与するために、高知県立郷土文化会館を設置する」とある。つまり、歴史博物館と美術館の機能を兼ねた施設として建設されたことになる。展示ケース内や収蔵庫などは完全温湿度空気調整（山岡1976）が行われていたとされている。また炭酸ガス自動消火装置も設置されている。このことから郷土文化会館は、本格的な博物館機能を有した施設として理解される。郷土資料の常設展示と年6回程度の特別展を開催しているが、主に美術展を行った。展示室は2階に第2〜4展示室（902㎡）、1階に展示室兼集会室（219㎡）と第5展示室（192㎡）があり、展示準備室（78㎡）もあった。美術展を開催するため展示室が広くとられていたと考えられる。収蔵庫は2室（248㎡）あるとされている。しかしながら同館の当時の竹村文男次長は、「学芸活動の伴わない郷土文化会館は美術館ではない」（竹村1985）と厳しい指摘をしているので、総務課、業務課はあるが学芸課はなかったようだ。

　幡多広域市町村圏事業として、1973年に四万十市中村為末公園内に幡多郷土資料館（現、四万十市郷土資料館）が開館し、展示ホール、資料保管室、研究室が設けられた。この館では収蔵庫ではなく、資料保管室となっている。

2　高知県立歴史民俗資料館の概要

高知県立歴史民俗資料館は、高知県の中央部に位置する岡豊城跡がある南国市岡豊町八幡1099-1（岡豊山）にある。城跡の標高は97m、館は中腹の標高約70mの区域にある。県内の県立博物館・植物園では2番目の標高に位置する。

図3　高知県立歴史民俗資料館

城跡は、1955年に岡豊城跡として県史跡に指定された。その後、高知新聞社により岡豊城跡内に岡豊山ハイランドが建設され、城跡はアーチェリー場となり、公園化もされ、多くの遺構が破壊された（岡本2018）。当時は、中世城跡などにはあまり関心がなかった時代で、そのことが一要因であったことと、県の史跡の範囲が曖昧であったのが原因でもあろう。幸いなことに2008年7月28日には岡豊城跡の一部（館が所在する区域も含め）が国史跡となった。

館は1991年5月3日に開館し、学芸員6名で2023年度まで学芸員2名は教員からの派遣となっており、学芸員資格を有していない職員[2]でも派遣や採用がされていたこともあった。

建物は鉄筋コンクリート造り（RC）、階数地上3階、高さ20.5m、建築面積（1,986.79㎡）、延床面積（4,546.22㎡）、展示面積（1,104.41㎡）である。敷地の面積は、124,520㎡となる。現在、管理・運営は公益財団法人高知県文化財団が行っており、当館も含め5施設の運営等を行っている。同館は2004年から公開承認施設となっている。

2010年には、リニューアル（展示、展示室、展示ケース、照明、バリアフリー化）の工事を行ったが、リニューアル時の展示計画等は、6名中4名（歴史1・考古1・民俗2名）という3分の2の学芸員体制で展示資料の選定や展示、工事を約半年間で行った（高知県文化財団高知県立歴史民俗資料館2022）。

3　資料の収集と収蔵庫

収蔵庫の現状から収蔵についてみてみたい。収蔵庫は、城跡二ノ段の北東

第2章　博物館の収蔵庫問題の現状

山側斜面に位置している。東が半地下になっており、建設時や開館時は搬入口付近などが高湿度になり悩まされた。収蔵庫は、考古・歴史・民俗の収蔵庫の計3室に分かれており収蔵庫内は2層式[3]となり、床面積は268.77㎡である。半地下構造、1階建物下は雨水と空調排水が常に流れる排水ピット構造で、2個のポンプで排水をしており、収蔵庫の下も雨水が貯留していた。収蔵庫の空調は、建物の空調機械と同系統であったため、夏場は冷水が少なくなると湿度が上昇するなど問題化した。なお、冬場用のチラーのみ設置されていた。2010年度のリニューアル時に収蔵庫の空調は独立させ、チラーも2台設置したが、気候変動が生じる（設置場所は夏場は40度を超える）なか設置したチラーでは対応できなくなり、大型のチラーに変更した。交代で運転させているが、2台設置したのは1台が故障しても、もう1台で稼働できるよう安全策をとっているためである[4]。なお、収蔵庫の棚は1995年の阪神淡路大震災以後、耐震化を継続しており、考古・歴史の収蔵庫は耐震化がほぼ完了している。

　収蔵庫予備室は2014年に増設し、床面積74㎡で半地下、空調は設置してないが、地下のため温度は安定してるものの、湿度上昇を考えて除湿器を設置している。開館後、初代筒井副館長により収蔵庫が狭いという指摘がされており、予備室の収蔵庫化は長きにわたり検討されていた。収蔵庫の狭さについては、既に開館以前の高知県立歴史民俗資料館運営審議会の委員からも指摘されていた。

　次に収集資料から収蔵庫についてみてみたい。1979年度から高知空港拡張整備事業に伴う南国市田村遺跡群の発掘調査が始まり、14,169㎡を発掘して1983年に終了した。この調査期間中の1982年には弥生時代前期の水田跡が244枚発掘され、当時の公開説明会には数百人の見学者があり、また小中学校の生徒も月に2,000人前後が見学に来るなど関心を呼び、保存活動も活発となった。かかる状況の中、田村遺跡群船戸田地区の弥生時代の水田跡、東西5m、南北4mの切り取り作業が行われ保存されることとなり、開館当初から2009年まで展示された。当時の新聞によれば田村遺跡群の出土資料は1983年度から3カ年で整理し、計画中の歴史民俗資料館で保存するとある[5]。田村遺跡群の遺物を納めた中型コンテナケースで約2,856ケース、これに保存された木製品と切り取り水田を含めると膨大な遺物量になる。このことか

32

図4　1階平面図（●：収蔵庫に収まらない民俗資料置場）

ら考えると歴史民俗資料館では、かなりの大きさの収蔵庫が想定されていたことが考えられる。1984年の『教育情報こうち』No.18において、高知県教育委員会文化振興課長島﨑和夫は「展示、調査研究、資料の収集、保管、教育普及、周辺整備、県立歴史民俗資料館建設の意義」について以下のように述べている。収集保管については「…調査研究を進め、総合的かつ系統的な収集、整理、保管を図る」(島﨑1984)とし、収集保管についても述べているものの、収蔵庫については言及されていない。

1991年には、県立歴史民俗資料館開館にあたり、高知城懐徳館と郷土文化会館から歴史や考古、陶磁器を含む美術作品の一部が移管された。

県立歴史民俗資料館が開館して、初めて本格的な収蔵庫が県内に設けられたことになるのだが、設計段階時、博物館経験を有する学芸員が不在であったことが、後々の展示室や収蔵庫の空調や空気環境、収蔵庫の狭隘問題に繋がる一つの要因となっていったと考えられる。

第 2 章　博物館の収蔵庫問題の現状

　歴史民俗資料館には、移管された資料や運営審議会委員により収集された民俗資料があったが、まだ展示ができるだけの情報や資料は十分でなく、それに加えて資料調査も全てに当たっていなかった。そのため、展示資料の一部は寄贈、寄託、借用の他に、レプリカ制作を依頼し、展示資料として収集した。このため展示資料に寄託や借用資料が多く占めるようになった。1992年度には、トラック（2トン）2台分の資料（古文書・工芸品・家具等の約 19,000 点）が寄贈され、各収蔵庫の4分の1以上を占めた。開館後、年4回企画展を開催することになり、考古収蔵庫に企画展で借用した資料を納めることになり、そのスペースも確保しなければならなくなった。諸々の事情も重なり、考古の収蔵庫も狭隘になり、田村遺跡群から出土した遺物は、展示品や保存処理済の木製品を除き、段階的に高知県立埋蔵文化財センターに返却し、収蔵スペースを確保していった。

　1991 年の開館時の企画展は仏像展を予定し、仏像も展示可能なケースを制作し美術史の分野もできる専門の学芸員も配置していたが、展示環境が整っていないなど諸々の課題があり、展示予定から外された。このことから考えると収蔵庫は仏像の収蔵が可能なものではなくてはならなかったが、その仕様にはなっておらず、本来なら、美術工芸品の収蔵庫がもう一つ不可欠であった。専門の学芸員は開館当初の 1993 年に異動となり、美術工芸の学芸員は不在となった。しかし、美術館にも仏教美術の学芸員が不在のため、美術工芸の特別展、企画展に著しく支障が生じていたことから、2017 年度に財団（当館）で美術工芸の学芸員を採用した。

　1995 年頃から収蔵庫が満杯状態に近くなり、資料の移管や再整理をしてスペースを確保していった。歴史と考古収蔵庫に納められていた民俗資料は民俗収蔵庫等に移動した。2009 年には、民俗資料が満杯になったために新たに環境の悪い倉庫を借上げ、一時的に仮置きした[6]。歴史・考古収蔵庫では、空きスペースを利用して棚を設置し、できる限り資料を収納できるように工夫した。2009 年下半期より企画展示室を除く3階の常設展示室と2階の民俗展示室、AV ホールの拡張、バリアフリー化などのリニューアルが行われたが、開館時から常設展示していた資料や模型、パネルなどを保存したため収蔵品を増やす一因ともなった。展示模型は調査、研究の成果であり、十分な記録を残していない撤去に伴う廃棄は、高知県の博物館史や各分野の学史を無視

34

するものであった。完全に撤去した模型もあったが、県の担当者から廃棄を
できるだけ避けるように指示があったことは幸いであった。2010年には民俗
分野で郷土玩具約12,000点を受贈し、民俗学者の民俗写真や書籍も受贈する
こととなり、資料が益々増加していく。海の木造舟1艘、企画展で制作依頼
した河川の舟3艘も収蔵されていた。

　2011年6月には、高知県東部の香美市物部の旧大栃高校へ本館から先述し
た倉庫に仮置きしていた民具を大移動した。また、リニューアル時に館長よ
り再展示不可とされた資料や模型群、国史跡の宿毛貝塚の剥ぎ取りも旧大栃
高校に移動することとなった。2014年には念願であった収蔵庫予備室が74
㎡設けられ、厳密な空調管理を必要としない資料を納めることができること
となった。

　次に県内の博物館等の収蔵庫の状況と収蔵庫が位置する標高についてみて
みたい。1990年代に開館した県内の博物館施設は、収蔵率100%を超えてい
る。新しく建設され、2017年に開館した高知城歴史博物館は、収蔵庫の床面
積が約1,000㎡である。それでも収蔵率は現在60%となっている。市町村の
博物館でも、収蔵庫が100%に達している館があり、収蔵庫の増設を検討し
なければならない施設がある。収蔵点数は、県立埋蔵文化財センターを除け
ば、歴史民俗資料館が3分野（考古・歴史（美工芸含む）・民俗）に分かれている
関係から収蔵点数が多い。歴史の収蔵庫に美術工芸品を収蔵していたが、現
在は考古収蔵庫でも収蔵・管理している。

　1995年の阪神・淡路大震災や2011年の東日本大震災は、博物館施設にも
大きな影響を与えたことは記憶に新しい。阪神・淡路大震災後には、当館の
収蔵庫の資料を揺れから守るために、2カ年以上をかけ収蔵庫棚耐震の試作
をし、棚の耐震化を年度ごとに行っている。南海トラフ地震の津波浸水区域
にも博物館等は立地しているが、津波浸水区域のところは、収蔵庫を高い階
に設けている。

　次に収蔵庫の満杯問題と若干関連するのが、2011年の東日本大震災を受け
て、2012年に県が実施した建造物の耐震調査と県指定以上の動産文化財の所
在調査である。津波到達地域の指定文化財の確認調査によると、国指定文化
財136件、県指定文化財232件のうち、津波浸水区域26カ所、そのうち1〜
10mの浸水と流出するのは14カ所となった。この中で、2カ所は当館に寄

35

第 2 章　博物館の収蔵庫問題の現状

託され、「津波避難文化財」となっている。事前に収蔵している文化財を避難させることで、逃げる余裕ができ、人命を守ることに繋がると考えられる。また、近年では社会や自然環境の変化、盗難や水害、火災による被害防止を検討している所蔵者もいる。ちなみに、当館に所蔵（寄託含）されている県指定有形文化財は、全体の美術工芸品の 17% にあたる。

　民俗資料の未整理問題など諸々の状況を踏まえて、高知県文化生活部歴史文化財課では、『歴史民俗資料館収集方針・収蔵あり方検討委員会』を発足させた。第 1 回の委員会が 2023 年 4 月に開催され、4 回の予定で開催される。目的は、「高知県立歴史民俗資料館の収集資料の増加に伴い収蔵場所の不足が顕著となっている状況を踏まえ、現行の収集方針や実態を検証し、資料の保存・活用のあり方などの対応策を総合的に検討するため、歴史民俗資料館収集方針・収蔵のあり方検討委員会を設置する。」となっている。学識経験者を含めて 6 名で構成されている。検討事項は「①資料大系の整理及び資料収集の実態分析、②資料の収集・管理、運営のあり方、③今後の資料増加見込みと収蔵スペースの必要規模、④市町村や他館との役割分担、⑤その他」、検討のポイントとなるのが「資料収集方針 資料体系の分析・資料収集の現状と見通しの分析・課題の抽出（資料の分析）・収蔵の現状と見通し分析・収集・収蔵のマネージメントのあり方・市町村や他の博物館等との役割分担と連携・資料を除籍する場合の基準及び方法・収蔵庫の必要規模」等である。その後、報告書の作成を行うことになっている。この県立歴史民俗資料館の収蔵庫問題は種々多様な要因をはらんでいる。

　歴史民俗資料館は、平成になって開館した高知県で初めての県立の歴史系総合博物館であり、常に手探り状態であった。学芸員採用にあたっても、当初は県職員を配置することを考えていたようだが、委員会からの指摘を受けて、学芸員の配置が決まったようである。当時は、高知県内では学芸員という言葉さえ知らなかった人が多かったのが現状であろう。どうも当初から収集方針も含めて収蔵庫に対する意識が低かったのではないかと推定される。

4　収蔵能力を超えた背景

　収蔵庫と関わる問題として考古資料と自然史標本の危機的状況について述べておきたい。現在、標本の危機的状況について高知新聞で報道されている

が、果たしていつ頃からあったのかをまずみてみたい。1964年の「土佐考古学ノート」13（『高知新聞』）には、高校に教材用として置いていた考古資料は教員が異動すると行方不明となることや、これらを展示・保存する施設が設けられることを希望すると述べられている[7]。また、同年の『高知新聞』の「話題—標本と学校—」には、天体・コケ・地質・魚類の標本が不明になったこと、他の高等学校には多く標本があり、県教育委員会はこれを調べ県有財産として管理し他の高校に配置してほしい旨が記載されている。しかし、これは実現されなかった。標本は学校に置くな、標本の活用をまじめに考えるべきであると書いている[8]。つまり、現在、生物標本等の散逸が危惧されているが、既に1964年頃から問題視されていたのである。このことと関連して、懐徳館から当館に移管した資料に岩石等が含まれていたことから、懐徳館では自然史関係の展示も行われていたと考えられる。考古資料では懐徳館に九州から出土する甕棺があったが、収集過程は不明である。

　次に高知の民俗資料に関わることについて体験から述べておきたい。1950年代には農家に牛小屋が作られていた。その頃、牛による農作業から耕運機に変化し、またかつては牛・馬に荷物を引かせていたが、それも耕運機等による牽引になっていった。炊飯器と飯籠は、同時期に家庭でも使用されていた。1960年代前半には、暖房具は囲炉裏や炬燵、火鉢から加圧式石油ストーブや電気コタツに変化していった。高度成長期には、新しい生活道具が作りだされ便利になっていったが、それまで使われていた民具は古老が利用するものとなり、廃棄するのは忍びないので、自宅の蔵に収蔵されていたものもあった。筆者は小学生の頃から今後民具等はどうなるだろうかと考えていた。

　生活の変化で民具資料の保存が農家でも既に1965年頃には危惧されていた。これらと関連して過疎地域と呼ばれる場所では、神社祭祀の変容が起きている。実質的な氏子は減少し、氏子にも変化が生じているといわれている。このことは、祭祀とともに重要な祭祀用具、つまり神社の財産の一つでもある宝物が管理できなくなっていくことに繋がるのではと危惧している。

　今後、収蔵を検討しなければならない資料についても若干述べておきたい。研究者、郷土史家、芸術家、教員の歴史資料や学校の教育資料、過疎に伴う寺社、小堂、祠の美術工芸品の信仰資料、区画整理により立退きで確認される古文書、民具資料、高知に関する膨大な個人コレクション（明

治～昭和）などがある。近～現代の戦争資料、交通史や商業、観光などの資料も重要である。

まとめ

　本稿では高知県の博物館史などから収蔵庫問題の背景について考えてみた。当館は、県内では初めての24時間空調の整った収蔵庫を有する博物館である。しかし、その床面積は旧郷土文化会館より20㎡広いだけである。展示面積も旧郷土文化会館は床面積が200㎡と数値上では広く、当館にはない展示準備室まであった。これらのことから当館の収蔵庫や展示室は旧郷土文化会館と同規模としたのではないかと考えられる。しかし、田村遺跡群の発掘調査の高知新聞の記事等をみると、相当な広さの収蔵庫を想定していたことがわかる。立地や敷地や予算等の諸々の事情から現状の広さになったものと考えられる。博物館の設計段階から経験を有する学芸員が採用されてなかったことや、高知県内には当時学芸員資格を取得できる大学がなかったことも一要因となろう。学史をみて収蔵庫の現状を考えることは極めて重要な事と考えている。

　地方では、学芸員は現在起きている地域社会の変容を読み解き、地域住民と未来の文化を模索するため、危機に瀕している文化財をどのように保存し、活用していくかを地域住民に寄り添いながら考えていくことが必要である。そして、市町村や各博物館施設と連携していくことも重要となろう。

　2024年8月8日、南海トラフ地震臨時情報が初めて発せられた。その時の文化財に対する対応も考えておかなければならない。四国では南海トラフ地震前後を見極めた収蔵庫が検討されるべきであろう。

　当館には、民俗資料や歴史資料の一部の収集において極めて特殊な事情があるが、満杯になった背景には、十分に検討された収集方針や除籍等の規程などがなかったこと、初めての歴史系総合博物館として熟成する前にイベント等を重視することになったことが窺える。

　いずれ、指定管理者の館長論や学芸員論を収蔵庫問題と絡め、述べたいと思う。南海トラフ地震も考慮に入れた収蔵庫、収集資料の中・長期的な計画が必要である。

註

(1) 懐徳館とは高知城の本丸御殿の別称であるが、博物館施設としての名称でもあり、所蔵資料として考古、民俗、絵画、陶磁器資料、書籍、刀剣類、藩政時代の資料、約2,000点を蔵していたとされている。博物館施設として名称を使用する場合は、高知城の建造物全体を含む。

(2) 資料（作品）を直接取り扱うことは、学芸員資格を有しない者にはさせていない。

(3) 収蔵庫は業者から狭いという指摘を受け、2層式になったという。

(4) チラー問題は一学芸員からの指摘で、建築課と協議して実現した。

(5)「水田跡一部保存」1988『高知新聞』5月22日、高知新聞社

(6) 民俗資料の倉庫への移動は、リニューアル工事に備えて、工事機材などを搬入口に設置するため場所の確保のために移動したものと考えられる。

(7) 文・岡本健児　絵・島野大作　1964「土佐考古学ノート」35『高知新聞』高知新聞社

(8)「話題―標本と学校―」1964『高知新聞（夕刊）』11月19日、高知新聞社

引用・参考文献

池田真澄　1980「懐徳館」『高知県歴史事典』高知市民図書館、p.130

岡本桂典　2018「岡豊城跡国指定史跡10周年に寄せて―岡豊城跡の近・現代考古学」『岡豊風日』104、（公財）高知県文化財団高知県立歴史民俗資料館、p.6

岡本桂典　2021「高知県の博物館史と考古学史」青木豊先生古稀記念発起人会編『21世紀の博物館学・考古学』雄山閣、pp.252-258

金山喜昭編　2022『博物館とコレクション管理』雄山閣

高知県立郷土文化会館編　1974『高知県立郷土文化会館要覧』高知県立郷土文化会館

高知県文化財団高知県立歴史民俗資料館　2022「1 オープンからリニューアルへ」『高知県立歴史民俗資料館開館30周年記念誌―企画展ポスターにみる歴民の30年―』（公財）高知県文化財団高知県立歴史民俗資料館、p.7

島﨑和夫　1984「県立歴史民俗資料館―アイデンティティー（自己認識）の確立と文化的環境―」『教育情報こうち』No.18、高知県教育委員会義務教育課、p.1

竹村文男　1985「美術館を考える」『文化高知』3、（財）高知市文化事業団、pp.4-5

中村市史編纂委員会　1984「市政のあゆみ―昭和四十八年」『中村市史続編』中村市、p.837

平尾道雄・高知県教育委員会　1966『重要文化財 高知城 高知市丸ノ内懐徳館』高知県教育委員会、pp.22-34

冬月　律　2014「過疎地域における神社神道の変容―高知県高岡支部の過疎地帯神社実態調査を事例に―」『総合人間学』8、総合人間学会、pp.182-196

山岡光馬　1976「郷土文化会館」『高知県百科事典』高知新聞社、p.130

第3章
博物館の収蔵庫問題の解決に向けた取り組み

栃木県立博物館の収蔵資料の管理と活用

篠﨑茂雄

はじめに―栃木県立博物館とは―

　栃木県立博物館は、歴史・民俗・考古・美術工芸の人文系4部門、動物・植物・地学の自然系3部門からなる総合博物館である。栃木県の人文及び自然に関する資料を収集保存し、調査研究し、展示して、県民の利用に供し、県民文化の向上及び発展に寄与するとともに、広く郷土に対する知識と理解を深めることを目的として、1982年（昭和57）10月に宇都宮市に開館した。現在、76万点を超える資料を所蔵し、栃木県内の博物館・資料館等の中核施設としても機能している。2024年（令和6）4月現在、職員数は47名、うち学芸員は23名（会計年度職員8名を含む）である。

　開館から40年以上が経過し、収蔵資料が増加したことから、これまでの収蔵庫（2,566㎡）に加え、新たに新収蔵庫棟（1,558㎡）を建設し、2021年度から供用を始めている。

1　収蔵資料の管理

　当館では、2016年（平成28）に「栃木県立博物館資料の収集、保管、活用に関する要綱」を策定し、収蔵資料のマネジメントを行っている。この要綱は、栃木県立博物館条例及び栃木県立博物館管理規則に基づく業務として行う資料の収集、保管等について、栃木県立博物館基本構想を基本として、その具体的な取扱を定めたもので、資料の収集、資料の保管、資料の活用、資料の保存状態の確認、資料の除籍、資料の全体量の把握に関して必要事項を規定

したものである。

　当館の資料の収集、保管、活用にあたっての基本的な考え方とは、以下のとおりである。

　　①基本構想の「館の基本的性格」及び「館の機能」の定めに基づき、栃木県の姿を理解するために必要な資料の収集及び適切な保管に努める。

　　②資料の収集にあたっては、収蔵スペースを強く意識し、収集の必要性を十分に検討した上で収集する。

　　③資料の保管にあたっては、永久的保管を目的とし、資料の保管に関する技術的研究を行い、収蔵品の保管に万全を期する。

　　④収集、保管した資料については、当館の調査研究、展示、教育普及事業等や、他館への貸出、学術利用等により、十分な活用に努める。

　　⑤資料の貸出については、基本構想に定める県内の博物館等の中心的施設としての役割を踏まえ、積極的に行う。

　　⑥保管中の資料については、定期的に確認を行い、資料の価値が失われるなど保存の意義が消失した場合、又は、他施設等への移管により一層有効な活用が期待できる場合等には、適正な手続きを経て、除籍できることとする。

これらは2016～2018年にかけて県庁内関係各課からなるワーキンググループで行われた新収蔵庫棟の建設を含めた「県立博物館収蔵資料検討会」のなかで、これまで運用されていたコレクション管理（マネジメント）に係る管理内規を再検討、改定・整備したものである。

(1) 資料の収集 （図1・2）

　資料は、収蔵スペースを考慮し、学術的価値及び展示・調査・研究等への活用の可能性を十分に吟味した上で収集している。また環境の変化等に伴い、新たに期待される役割等も考慮している。そして、購入、寄贈、採集、寄託など収集の手段に応じて、栃木県財務規則と別に定める「栃木県立博物館資料収集要領」、「栃木県立博物館資料受入要領」、「栃木県立博物館採集資料取扱要領」、「栃木県立博物館資料受託取扱要綱」に基づき、適正な手続きを経て行っている。

　当館では、別に定める「資料収集の基本方針」に則って資料を収集してい

第3章　博物館の収蔵庫問題の解決に向けた取り組み

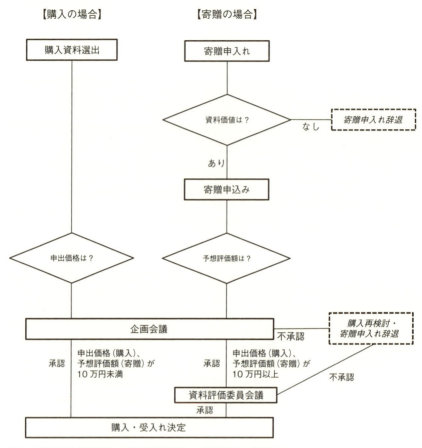

図1　栃木県立博物館における資料購入・寄贈受入れ事務フロー

る。これは、共通、各分野（人文系、自然系）、各部門（歴史、民俗、考古、美術工芸、古生物、岩石・鉱物、昆虫、無脊椎動物、脊椎動物、維管束植物、維管束植物を除く植物・菌類）からなり、館として収集すべき資料を明示している。このうち共通は、栃木県立博物館全体の「資料収集の方針」であり、以下の5つの項目からなる。

①栃木県の自然と文化に関わる実物資料ならびに二次資料（写真、映像、模型、文献等）、さらにこれらに関連する国内及び国外の資料を収集する。

②資料の収集にあたっては、館外の専門家・関係機関・一般市民の協力も仰いで質の高い資料を収集し、当館ならではの特色あるコレクションを形成する。

栃木県立博物館の収蔵資料の管理と活用

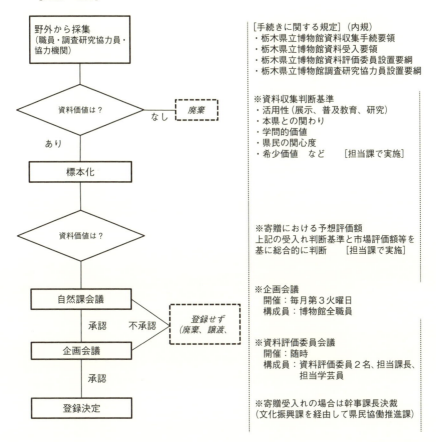

③館外の研究者、コレクターが収集した学問的価値が高い資料については積極的に受け入れる。

④地域の歴史・文化の保存・伝承やレッドリスト改訂など、新たな社会的要請に応じて必要な資料の収集を行う。

⑤以上の資料収集にあたっては、同一資料の重複を避けるなど、収蔵スペースの有効活用を図る。

さらに人文系（歴史、民俗、考古、美術工芸）の「資料収集の基本方針」は、以下のとおりである。

人文系資料の収集にあたっては、栃木県の歴史と文化に関する展示・調

査・研究に必要な資料を中心とする。また、これらの資料の位置づけを
明確にするため、日本の歴史と文化を理解する上で基準となる資料もあ
わせて収集の対象とする。

　一方、自然系（動物・植物・地学）の「資料収集の基本方針」は、以下のと
おりである。

　　自然系資料の収集にあたっては、栃木県の生物相や地質の成り立ちを明
らかにでき、後世に残す価値がある県内産の動植物、化石、岩石、鉱物
の標本を対象とする。また、上記資料を理解するために必要な県外・国
外産の比較標本や、恐竜など県民の関心が高く、展示・教育に有効な資
料も収集対象とする。

　さらに各部門でも「資料収集の基本方針」を明示している。例えば、民俗
部門は次の２つからなる。

　　①栃木県の生産生業に関する資料のなかで、特に野州麻や干瓢・結城紬・
　　那珂川の漁労用具など、栃木県に特徴的な資料を中心に収集する。

　　②昭和時代以前に使用された本県の衣食住などの生活用具のなかで、各
　　時代の生活文化を象徴するような資料を中心に収集する。

　これらの文言をどう読み解くかは各人に委ねるが、少なくとも民俗部門で
は、野州麻や干瓢の生産用具など、館として特に収集したい資料を例示しつ
つも、「生産生業」や「生活文化」といったキーワードに少しでも合致する
資料については、積極的に収集している。つまり、収集の範囲が狭くならな
いように配慮している。逆に外国の民族資料や現代アートなど、明らかに「資
料収集の基本方針」とは合致しない資料については、歴史や美術工芸、自然
系など他の部門とも協議し、それでも合致しない場合は受入れをお断りして、
より資料の活用が図れる機関を紹介している。なお、これらの方針は必要に
応じて見直しているので、将来的には「昭和時代以前の生活文化を象徴する
資料」が「平成時代以前の」などと書き換えられることもあるだろう。

　博物館に寄贈の申し出があり、その資料が本県と関わりがあり、資料的な価
値が高いと判断されると、担当学芸員は資料名、作者、時代、形状・規格、資
料の説明、所有者の情報等を記した「寄贈受入予定資料説明書」を作成し、館
の定数内の全職員が参加する企画会議のなかで、当該資料の説明を行う。そこ
では、県民の関心度や資料の希少価値、所有者が当館に寄贈を申し入れた経緯、

今後の活用の計画などについても議論され、資料受入れの可否が検討される。さらに資料一件あたりの予想される資料評価額が 10 万円を超える資料については、専門的知識を有する者のなかから館長が選任した資料評価委員 2 人以上による評価を受けなければならない。そして、県（主管課長）の決裁を受けた後、資料の受入れが承認された場合は寄贈者に対して寄贈資料受入書が交付され、承認されなかった場合は資料の所有者にその旨を通知する。購入資料や採集資料についてもこれとほぼ同じ手順を踏む。

このように資料は、担当者の意見だけではなく、館の職員、資料評価委員、県の承認を経た上で受入れている。こうしたプロセスは、柔軟性がないようにも見えるが、担当者であっても受入れの判断に迷う資料はある。そして、扱いに窮する人物などから、収集の方針にはあわない資料の寄贈の申し出を受けた場合は、館の承認が得られなかったことを理由に受入れを断ることができる。

なお、部門によっては体験用や参考用の資料を預かることもある。その場合は上記の手続きは踏まず、登録はしない。そして、役割を終えた資料は廃棄することもある。したがって、資料を預かる時にかわす「寄贈申込書」には、「体験用、参考用の資料として活用すること」、「廃棄する場合があること」を明記し、所有者の承諾を求めておく。

(2) 資料の保管

資料の保管にあたっては、資料の性質に応じて適切な環境が確保できるよう、収蔵環境の適正な管理に努めている。そして、収蔵庫については、「栃木県立博物館収蔵庫管理取扱要領」のなかで、収蔵庫の管理者、収蔵庫の鍵の使用手順、その他必要な事項を定め、適正な管理のもとで利用している。

博物館資料を受託する場合の取扱いについては、「栃木県立博物館資料受託取扱要綱」に基づき、適正な手続きを経て行っている。現在、当館では人文系の資料を中心に 117 件の資料を受託しているが、これには担当者が所有者（所有者がいない場合は管理者）に資料の受託を勧める場合と所有者が当館に受託を申し込む場合がある。多くは後者のケースであるが、いずれも館内で検討し、寄託が適切であると判断された場合には、館長あてに「寄託申込書」の提出を求め、それを受けて館長は当該資料に係る資料受託書を寄託者に交付する。資料の受託期間は、資料を受託してから 1 年を経た後の 3 月 31 日

第3章　博物館の収蔵庫問題の解決に向けた取り組み

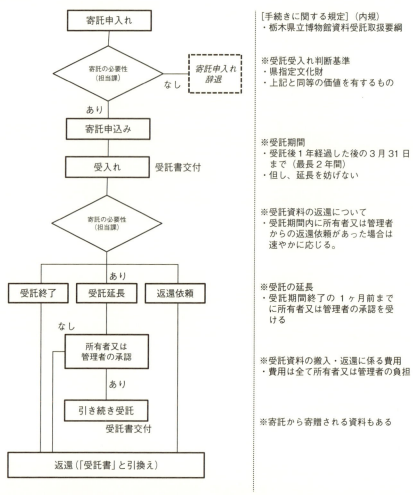

図2　栃木県立博物館における寄託資料受入れ事務フロー

までとしている。

　受託期間を更新しようとする場合は、館内で継続の必要性を十分に検討した上で、期間満了日の1か月前までに所有者にその旨を申し出て、承諾を得なければならない。更新後の資料の受託期間は2年間である。

　受託した資料は、展示、模写、模型、実測、拓本、写真撮影等を行い、これらを公刊することができる。また館長は、受託期間中に受託資料の修理の必要を認めた場合は、修理の方法、費用の負担等について当該受託資料の所

有者と協議することができる。資料は適切な管理下にある収蔵庫に保管されるので、貴重な資料を虫害や風水害、火災、盗難等から守ることができる。そのため寄託を希望する所有者は多いが、収蔵スペースには限度があるので、受託を受ける資料は県指定文化財以上、もしくはそれと同等のものという制限を設けている。

(3) 資料の活用

当館では、収蔵資料データの公開等により、館外者の活用に向け必要な資料の公表に努めている。そして、館外者への資料の貸出及び館外者の学術利用（閲覧・調査・撮影等）については、資料の保存・活用上支障のない限り、積極的に推進している。さらに資料の貸出・学術利用の手続きは、「館蔵資料の館外貸出に関する規定」、「学校への博物館資料貸出要領」、「栃木県立博物館資料の撮影等に関する規定（人文系・自然系）」により行っている。

当館の収蔵庫や資料収集の意義を伝える展示や行事も積極的に行っており、例えば、2017年には収蔵資料活用促進展示「収蔵庫は宝の山！〜初公開の化石・鉱物・動植物〜」を実施した。また、新収蔵庫棟が供用を始めた2021年には、そのお披露目も兼ねたテーマ展「新収蔵庫ができました！」、同じく企画展「収蔵庫は宝の山！〜博物館の資料収集活動〜」を開催している。これらは、収蔵庫の存在や学芸員の博物館活動を県民に知っていただく上で、有効であったと思われる。

あわせて、2022年から文化観光拠点計画の一環として、収蔵資料を高精細画像や3Dで撮影し、資料のデジタル化を進めている。またデータベースも整備している。それらの一部は、「とちぎデジタルミュージアム"SHUGYOKU"（珠玉）」（https://www.digitalmuseum.pref.tochigi.lg.jp）のなかで公開している。

(4) 資料の保存状態の確認

収蔵資料については、定期的に保存状態や活用状況等の確認を行っている。その際、資料の状態、活用可能性、他館への移管の可能性等を念頭に行い、原則として、毎年度末に担当学芸員2名が、分野ごとに概ね10年間で全資料を確認できるよう計画的に行うこととした。

こうした作業は、後に回されがちだが、当館では「栃木県立博物館資料の

収集、保管、活用等に関する要綱」に明記することで、なかば強制的に実施している。結果は、毎年2月の企画会議の議題にあげ、同末日をめどに主管課にも報告している。

(5) 資料の除籍 (図3)

当館では「栃木県立博物館資料の収集、保管、活用等に関する要綱」第8の規定に基づき、「栃木県立博物館資料の除籍に関する要領」のなかで、博物館の収蔵資料のうち登録資料の登録の抹消（除籍）に関し必要な事項を定めている。除籍を行うことができる資料は以下にあげる3つを想定している。

　　①資料の破損等により、収蔵価値が失われたとき
　　②将来にわたって資料活用の見込みがないとき
　　③資料をより一層有効に活用できる他施設があるとき

学芸員は、先にあげた資料の保存状態の確認作業において、上記①～③に該当すると判断された資料について、まず担当課内でその可否を検討し、そこで除籍が相当と認められた場合は、館の定数内の職員全員が参加する企画会議のなかで、再度検討される。そこでも除籍が相当であると認められた資料のうち、①については資料評価委員会の意見を聴取し、②については他施設での活用の可能性を第一に検討を行い、必要に応じて資料評価委員会の意見を聴取し、③については必要に応じて資料評価委員会の意見を聴取した上で、他施設への譲渡の協議を行う。そして、除籍が相当と認められた資料については、県の定める手続きを経て、登録の抹消及び処分、譲渡を行う。

なお、資料評価委員は、先の「資料の収集」の項目でも紹介した栃木県立博物館が収集する資料の学問的評価、真偽の鑑定、価格の認定等を行う者で、地学・動物・植物及び歴史・考古・民俗・美術工芸の各分野において専門的知識を有し、博物館資料と利害関係のない者のなかから館長が選任した人があたる。その他業務の詳細等については「栃木県立博物館資料評価委員設置要綱」に規定されている。

除籍にあたっての留意事項として、購入資料の除籍にあたっては、県費で購入した財産の処分であることを考慮し、まずは、有償譲渡又は他施設で有効活用を図ることを検討する、また寄贈資料の除籍にあたっては、寄贈者の意向を考慮しつつ、処分又は譲渡を行うものとする。

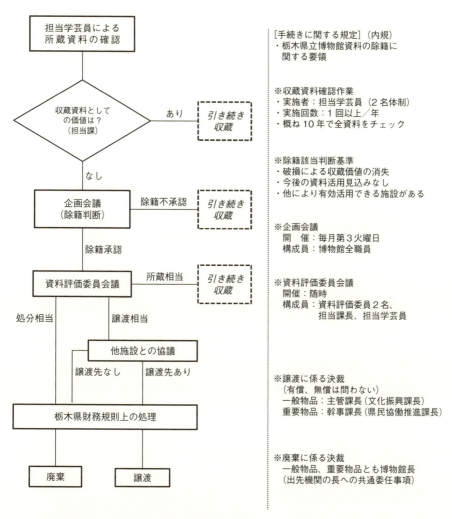

図3　栃木県立博物館における資料除籍事務フロー

　この「栃木県立博物館資料の除籍に関する要領」は、新収蔵庫棟の建設を含め、収蔵資料のありかたを検討していくなかで、新たに追加された要領であるが、当初この要領に対する学芸員の抵抗は強かった。資料の除籍が、安易な資料の廃棄につながると考えられたからである。しかしながら、図3「栃木県立博物館における資料除籍事務フロー」からもわかるように、決定までには、担当学芸員はもちろん、担当課の職員、その他の企画会議に参加する

職員、そして資料評価委員の承諾を必要とする。したがって、除籍のハードルは高く、博物館の登録資料を守るための規定といっても過言ではない。

　実際に、この要領が適用された2016年から6年あまりがたつが、当館で抹消（廃棄）した登録資料は民俗資料の5点（うち購入資料4点、寄贈資料1点）のみである。このうち購入資料の4点は、東日本大震災で落下したガラス製の資料で、破損がひどく、出所も不明であったことから資料的な価値は低いと判断された。寄贈資料の1点は展示作業中に落下、破損した陶器である。修復も検討されたが、同じ所有者からほぼ同型の資料の寄贈を受けていたこともあり抹消することにした。ただし、資料台帳は残しておき、抹消に至った経緯等は記録している。他に譲渡した資料として、歴史資料1点（購入資料）と地学資料1点（寄贈資料）がある。当館の展示のリニューアルに伴い、活用の見込みがなくなったことが理由である。また先方からの強い希望があったことも移管を後押しした。これらとは別に除籍（移管）が相当であると判断された資料が数十点あるが、他施設への譲渡の協議が進んでいないことから保留となっている。

(6) 資料の全体量の把握

　毎年度末に、年度内の新たな資料収集状況及び先に紹介した保存状態の確認結果に基づき、収蔵資料の増加量と全体量を把握している。そして、当初の増加見込み量に対して増加量が著しく、30年程度の期間内に収蔵スペース不足を来す恐れが高いと懸念される場合は、以後の資料収集の見直しが行われる。これらは、博物館長以下各課課長と主管課職員が行う。以上が「資料の収集、保管、活用に関する要綱」の第9に書かれた内容である。そもそも当館の新収蔵庫棟は、少なくとも30年間の利用を基に計画されたものである。したがって、収蔵庫の面積は、2047年までの資料の増減を見越して各部門ごとに割り当てられた。この場合の2047年とは、栃木県立博物館が開館してから65年目にあたる年で、コンクリートの寿命を勘案しての数字である。新収蔵庫棟については、その期間まで計画的に運用することが求められている。

　収蔵資料の増減は、これまでの寄贈の状況や社会情勢の変化、除籍の状況などが加味されて、年度ごとにシミュレーションしている。例えば、民俗部門は2018年の820㎡に対して2047年には1,057㎡に増えているが、高度経

済成長期以降に使用された資料が今後寄贈されるであろうことを想定した数値である。また、動物部門は2018年の538㎡から2047年には728㎡、植物部門は同じく312㎡から458㎡となっているが、これらはコレクターからの寄贈依頼があるのを見越したものである。一方で、歴史部門や考古部門などは、資料の移管等を進めることで、30年後には減少すると予想された。しかしながら、ここ数年、戦争関連の歴史資料は増大している。さらに2023年には、国指定重要有形民俗文化財の「佐野の天明鋳物生産用具及び製品」を寄託資料として受け入れた。いずれも当初の計画にはなかった動きである。したがって、今後は見直しを含めた資料のマネジメントを行っていくことになるだろう。

おわりに

栃木県立博物館では、2021年に新収蔵庫棟を建設し、供用を始めたことで、収蔵率120%、部門によっては収蔵率200%を超えるという状況からは大きく改善された。その結果、収蔵庫内の環境が改善され、展示や研究など資料の活用が容易となった。

あわせて、2016年に「資料の収集、保管、活用に関する要綱」を見直し、資料の除籍を含めた資料マネジメントを行うことで、適正な収蔵環境の維持を目指している。そして、少なくとも向こう30年間の持続可能な収蔵庫の運用に努めている。

このなかで、特に重要なことは資料マネジメントであり、適正な管理なくして収蔵庫は維持できない。さもないと収蔵庫を増設してもすぐに満杯となり、収蔵庫増設の要求を繰り返すことになるだろう。

そのためには、収蔵庫内の資料を確認すること、そして資料収集の優先順位を考える必要がある。また、安易な資料収集を避けるために「資料の収集方針」を定めておくことは重要であり、すでに収集した資料であっても他の施設への移管や廃棄の検討も必要となるだろう。それは、本当に後世に残さなければならない資料を守ることでもある。

博物館が収集・保存しなければならない資料は無限にあるが、単独の博物館で対応できる量には限度がある。したがって、周辺の博物館と保存する資料の役割を分担すること、いわゆる棲み分けも重要である。そのためにも、各館がデータベースを整備し、情報を共有しておくことが望まれる。

都立文化施設における
収蔵品の収集・保管・活用

大木香奈

はじめに

　本稿は、収蔵庫をめぐる問題について、個別の施設の取り組みとしてだけでなく、都立文化施設という一つのまとまりとして考えた場合に、どのような考え方・解決の糸口があり得るのか、その方向性について整理し、現状を報告するものである[1]。

　本稿において対象とする「都立文化施設」とは、東京都が設置し公益財団法人東京都歴史文化財団（以下、「財団」とする）が管理を行う次の7施設、つまり東京都江戸東京博物館（分館江戸東京たてもの園含む）、東京都美術館、東京都庭園美術館、東京都写真美術館、東京都現代美術館、東京文化会館、東京芸術劇場を指すものとする。これらの文化施設は、2024年7月現在、指定管理者制度の元で財団が一括して管理運営を行っている（2021-26年度の6年間）。なお、指定管理者制度とは、公の施設の管理主体を、民間事業者やNPO法人等に広く開放することにより、民間事業者のノウハウ等を活用したサービスの向上や施設管理における費用対効果の向上等を図ることを目的とする制度である。同財団は、東京都において制度の導入以来、一貫して上記都立文化施設の管理を委任され運営している。

　筆者[2]が籍を置くアーツカウンシル東京は、同財団の本部機能を兼ねる組織であり、東京都との窓口となって各文化施設をリードするほか、予算要求や事業評価に係る調整等の業務を行っている。また、各館横断的な取り組みについても本部が主導しており、デジタルアーカイブの充実の推進やアクセシビリティ向上に向けたさまざまなサポート、各館にまたがるプロモーション事業なども、アーツカウンシル東京がその旗振り役となっている。収蔵品の収集・保管・活用に関するあり方の検討についても、本部が実施する横断的な取り組みの一つである。特に収蔵スペースの不足は各館に共通する課題

であり、東京都江戸東京博物館、東京都写真美術館、東京都現代美術館、東京都庭園美術館の4館の収蔵庫は、飽和状態又はそれに近い状況にあり、早急な解決が望まれている[3・4]。従来、各館ごとに一部資料を外部収蔵庫に保管するなどしてきたものの、根本的な問題解決には至っていない。本稿では、こうした現状に対して、東京都及び指定管理者である財団それぞれの方針や提案の内容を紹介して、解決に向けた道筋を示すこととしたい[5]。

1　設置者（東京都）の方針

　東京都は、2023年5月に『都立文化施設運営指針』を策定し、文化施設の運営に関する基本方針を定めた[6]。この方針は、施設の設置者である東京都が、都立文化施設の中長期的な方向性を示し、2030年度までを対象期間とする。策定の背景には、新型コロナウイルス感染症の影響、持続・共生社会へのシフト、デジタル化の進展などの社会環境の変化に伴い、都立文化施設を取り巻く環境が大きく変化していることなどが挙げられる。各施設個別の指針の他、全館に共通する重要な課題として、収蔵資料の収集・保管・活用等のあり方が取り上げられている。特に課題解決に向けた方向性の部分を抜粋して示す（資料1）。

　収集、保管、活用のそれぞれの項目について、今後の方向性を示している。ここでは、本稿に直接的にかかわる「イ　保管の方向性」に着目したい。先に述べた通り、都立博物館・美術館の収蔵庫は、そのほとんどが飽和状態又はそれに近い状況にある。各文化施設が本来の使命を果たしていくにあたっては、限られた収蔵スペースを効率的に活用するとともに、収蔵資料の増加に見合う収蔵スペースの早急な確保が必要となる。同指針では、こうした現状、課題に対して、保管方法の工夫、寄託資料の返還、再評価（除籍）の仕組みの導入等により、現状あるスペースを有効活用し、当面は外部収蔵庫を利用して収蔵スペースを確保するとしており、さらに将来的には都において新たな収蔵庫の整備を検討することも視野に入れるとしている。

　収蔵スペース不足の問題をめぐっては、収集活動そのものをやめてしまえば、というような極端な議論になりかねない。しかし、同指針では、収集に関して「貴重な資料を次世代へ継承する使命を果たすため、今後も必要な資料の収集を継続する」ことを施設の設置者として明言しており、

第 3 章　博物館の収蔵庫問題の解決に向けた取り組み

資料 1　「(1) 収集資料の収集・保管・活用のあり方」『都立文化施設運営方針』

ア　資料の収集についての方向性
- 都立美術館・博物館は芸術的・歴史的価値が高い貴重な資料を次世代へ継承する使命を果たすため、今後も必要な資料の収集を継続する。
- 持続可能な資料収集及び保管の体制を確立するため、資料の収集・管理に関する方針を定め、適切な管理と活用を見据えた体系的な収集を行う。
- 各施設ごとに設置されている収蔵委員会について、その機能を統合するなど現行の仕組みを再編する。
- 収蔵委員会の再編に当たっては、「東京文化戦略2030」の実現を踏まえて、各施設の特性が反映されるよう留意する。

イ　保管についての方向性
- 保管方法の工夫、寄託資料の返還など収蔵スペース確保の取組を進めるとともに、真に必要となるスペースは当面外部民間倉庫の活用により確保する。
- 美術館・博物館の基本的使命を踏まえた上で、収蔵資料の再評価（除籍）の仕組みを導入するとともに、その特性や種類に応じて適切な保管を行い、収蔵資料のカテゴリーから外した資料の活用も図る。
- 将来的に、都有の余剰施設の活用等の可能性がある場合は、都において新たな収蔵庫の整備を検討することも視野に入れる。

ウ　活用についての方向性
- 都民の共有財産として、多様な場面で都民の鑑賞や体験など一層の有効活用の機会を増やす。
- 国内外の美術館・博物館への収蔵資料の貸出を推進するため、その枠組みと体制を整備する。
- 再評価（除籍）により収蔵資料のカテゴリーから外れた資料について、都内外の美術館・博物館や公民館、学校での体験学習教材などで活用する。
- 収蔵資料のデジタルアーカイブデータを活用した情報発信を一層促進する。

収集活動を行う各施設にとっては大変心強いものといえる。ただし、並行して「持続可能な資料収集及び保管の体制を確立」をすることを求めており、中長期の計画に基づいた体系だった収集・保管の体制づくりを合わせて検討していく必要がある。

　都立文化施設における収蔵品のあり方については、こうした設置者による指針に基づき財団本部及び各館において検討・調整を進めていくこととなる。

設置者側の示した大きな方向性を受けて、指定管理者である財団側では、より具体的にどのような対応があり得るのだろうか。

2 指定管理者（東京都歴史文化財団）の対応

都立文化施設の指定管理者の選定に際して、財団は、詳細な提案書類（事業計画書）を提出している[7]。この提案書では、効率的かつ適正な管理運営や利用者サービスの向上が実施できるかどうかなど、各課題に対して財団本部や各館から提案がなされている。その実施に際しては、東京都の施策や社会情勢の変化を踏まえ、都と綿密に協議し、提案内容を適宜見直しながら、年度の事業計画を立案するものとしている。あくまで指定管理者の選考に際した提案ベースの内容であるため、必ずしも実施・実現されるものではないものの、現場の切実な問題意識を反映し、課題解決に向けた具体的な取り組みとして示しているものである。

本稿の執筆時点では、財団は2021〜2026年度までの6年間の指定管理期間中にあたっており、2023年には指定管理期間の中間年を目安としてこの提案書類を見直した[8]。その内容は都に提出し、外部委員を含む選定委員会の審査を経て、認定を受けている。見直した事業計画書のうち、特に収蔵資料の収集・保管・活用のあり方に関わる部分を抜粋して示す（資料2）。

一読して分かるように、東京都が策定した『都立文化施設運営指針』を受けた内容となっており、課題解決に向け、より具体的な取り組みとなっている。

特に着目したいのが、（2）効率的な収蔵スペースの確保に関して、共通の外部収蔵庫の導入が提案されている点である。こうした提案に至った背景には、財団内において、収蔵品を収蔵館ごとの括りで考える意識から、設置者である東京都の財産、つまりは都民の財産として捉える考え方が浸透してきたことがある。こうした捉え方は、財団本部と各館とで議論を重ね、時間をかけて形成してきたものである。収蔵品を「東京都コレクション」という大きな括りで捉えるという考え方に基づき、都立博物館・美術館の収蔵品の横断的な検索データベースであるTokyo Museum Collection（ToMuCo）の公開[9]や、各館の収蔵品を活用したテーマ展覧会の開催[10]などを実施してきた。

提案書にある共通外部収蔵庫の提案も、収蔵品を都立文化施設全体で一つ

第3章　博物館の収蔵庫問題の解決に向けた取り組み

資料2　収蔵資料の収集・保管・活用等のあり方（見直した事業計画より）

1. 実施方針
   (1) 都立文化施設の連携を強化した全館横断型の「東京都コレクション検討会」を設置し、収蔵資料の効率的な収集と収集後の効果的な活用を促進します。
   (2) 今後の収蔵スペースを効率的に確保するため、各館共通の外部収蔵庫導入を図ります。
   (3) 再評価の仕組みを導入し、劣化が著しい等、保存・活用の見込みがない資料については、「除籍」を行います。
   (4) 再評価により教育目的利用等がふさわしい資料は、新たなカテゴリーを設け、保管管理も分け、積極的な活用を図ってまいります。

2. 具体的な取組
   (1) 新たな資料収集・選定

   これまで、資料収蔵委員会を各館ごとに開催していたところ、より戦略的に資料収集・選定を実施すべく、各館収集方針に基づいた「東京都コレクション収集活用方針案」を財団本部で策定いたします。その後、東京都の各館収蔵委員会等を実施し、現物確認したうえで収集資料・評価額を決定します。
   (2) 効率的な収蔵スペースの確保

   今後の収蔵スペースを効率的に確保するため、共通の外部収蔵庫導入を提案します。各館で個別に手配するよりも、計画的な収蔵が可能となります。

   そのほか、将来的な活用の見込みが薄い寄託資料については、返還を推進します
   (3) 再評価の導入と除籍

   財団全体で各施設の収蔵資料について、再評価の仕組みを以下の観点から導入します。

   劣化の著しい、他に悪影響を及ぼす資料等について、除籍及び処分等を当館にて検討します。

   除籍については、「東京都コレクション検討会」において財団全体で協議し、都の収蔵委員会等に付議します。

   収蔵資料の再評価及び除籍プロセスについて、記録化し、保存します。
   (4) 再評価後の資料の活用について

   再評価により、教育目的利用等がふさわしい資料は、「長期貸与」「移管」などの区分を設け、積極的な活用を図ってまいります。

   具体的には、他機関での活用が見込まれる資料についてリストを作成し、区市町村の博物館や公民館、学校団体等での教育資料としての貸与を促進します。

のまとまりとして捉える発想から来るものといえよう。共通外部収蔵庫が仮に実現するとすれば、収蔵品の特質に応じた適切な管理が大前提となるが、考え方としては、各館個別に不足の収蔵スペースを手配するよりも、共通する機能をまとめることによって効率的な収蔵が可能となる。複数の異なる施設の収蔵品を一括で保管するという構想に関しては、国内先行事例がほとんどないことなどから慎重な議論が必要となるが、費用面や専門人員の配置等の面においてもさまざまなメリットが得られると考えられる。

　また、収蔵スペース不足の問題について考えるとき、単に収蔵品の保管の側面からだけではなく、収集や活用を含む収蔵品のあり方全体からとらえて対応する必要がある。東京都の『都立文化施設運営指針』には「持続可能な資料収集及び保管の体制を確立」することが書かれているが、収蔵品のあり方を考える際、「持続可能」性は今後特に重要になってくるだろう。収蔵品を収集し続ける限り、収蔵庫がいつかは満杯になることは必然である。その先の収蔵スペースの確保にあたっては、収蔵資料の効率的な収集と収集後の効果的な活用をセットで示すことが必要不可欠となる。収集方針に基づく体系的な収集、収集計画に基づく保管スペースの管理、収蔵資料の多角的な活用などの取り組みが三位一体となって実施されて初めて、新たな収蔵スペースの確保を含めた持続可能な収蔵品のあり方を示すことが可能となる。それぞれの取り組みを、個別のものとしてではなく、収蔵品管理全体の文脈の中に位置付けて実施していくことが重要となってくる。この点について、財団からの提案書類では、戦略的な資料収集のための検討会の設置や再評価（除籍）の仕組みの導入等を進めていく案が示されており、今後こうした方針・取り組みを基により具体的な議論を進めていくことになるだろう。

　ここで留意しておきたいのは、収集の内容は従来通りそれぞれの収集方針により各館が体系立てて実施していくものとしている点である。当然ながらコレクションの形成は、従来の文脈に沿ってなされる。「東京都コレクション」のまとまりを前提とする考え方は、主に保管や活用の側面を中心として取り組んでいくこととし、収集については、情報共有を基本とした収蔵品の横断的な活用に向けた取り組みと位置付けて整理していく。

第 3 章 博物館の収蔵庫問題の解決に向けた取り組み

　ここまで、指定管理の提案書類の内容を元に、共通外部収蔵庫というアイデアや、その前提となる各館収蔵品を一つのまとまりとして捉える考え方、収蔵品の収集・保管・活用をめぐるあり方全体について確認してきた。繰り返しとなるが、ここで紹介している提案内容は、指定管理者としてのものであり、必ずしも実現が確約されるものではない。しかしながら、都立文化施設にとって収蔵庫をめぐる問題は、もはや先送りすることのできない喫緊の課題であり、設置者とともに解決に向けて取り組んでいかなくてはならない。今後さらなる議論を経て、よりよい形で解決が図られていくことを期待し、本稿を終えることとしたい。

註

(1) 本稿は、5月25日に開催されたシンポジウムにおける佐々木秀彦（アーツカウンシル東京企画部企画課長）による発表「都立文化施設における収蔵品の収集・保管・活用」の内容に基づき、いくつかの補足を加えながらまとめるものである。

(2) 筆者は公益財団法人東京都歴史文化財団の職員であり、2011年の入団以降、財団が管理する東京都庭園美術館の学芸員として、主に展覧会事業および収蔵品の収集・保管に関する業務に携わってきた。2024年4月より、人事異動により同財団内のアーツカウンシル東京に所属している（2024年7月執筆現在）。

(3) 収蔵スペースの問題に関して、財団では博物館や美術館だけでなく、劇場、ホールも含めた課題として捉えている。東京文化会館には音楽資料室があり、1961年の開館以降の公演のパンフレットやプログラム記録などの貴重資料を多数所蔵しており、また東京芸術劇場についても公演のポスター・チラシといったアーカイブ資料を保有している。このことから、財団本部では、これらの劇場、ホールも含めた全体の課題として、収蔵品およびアーカイブ資料の保管に関する問題に取り組んでいる。

(4) 東京都生活文化スポーツ局（2023年5月）『都立文化施設運営指針』「VI主要課題の解決に向けた方向性」（https://www.seikatubunka.metro.tokyo.lg.jp/bunka/bunka_seisaku/houshin_torikumi/files/0000000932/toritubunkashisetushishin.pdf）（2024年7月29日閲覧）

(5) 以下本稿で参照する資料は、すべて東京都のウェブサイトにおいて公開されており、誰しも閲覧が可能である（2024年7月29日現在）。

(6) 東京都生活文化スポーツ局、前掲資料。

(7) 東京都生活文化スポーツ局「令和3年度～令和8年度の指定管理者候補者選定結果」（https://www.seikatubunka.metro.tokyo.lg.jp/bunka/bunka_shisetsu/0000001437.html）（2024年7月29日閲覧）

(8) 東京都生活文化スポーツ局「中間年を目安とした事業計画の見直し」（https://www.seikatu-bunka.metro.tokyo.lg.jp/bunka/bunka_shisetsu/0000002396.html）（2024年7月29日閲覧）

(9) Tokyo Museum Collection（ToMuCo）：6つの都立ミュージアム（江戸東京博物館、東京都写真美術館、東京都現代美術館、東京都庭園美術館、東京都美術館、江戸東京たてもの園）が収蔵する資料・作品を、横断的に検索できるデータベース。（https://museumcollection.tokyo）（2024年7月29日閲覧）

(10) 各文化施設の収蔵品を活用した展覧会として、「東京モダン生活—東京都コレクションに見る

1930年代」（於：東京都庭園美術館、2020年）がある。筆者が庭園美術館に在籍中に企画者として担当し、東京都江戸東京博物館、東京都現代美術館、東京都写真美術館、東京都美術館、東京文化会館及び東京都庭園美術館の収蔵品・アーカイブ資料等を活用して構成した展覧会であり、1930年代の東京に住まう人々の生活について多彩な作品・資料から多角的に紹介するものであった。過去これまでも、各文化施設においてそれぞれの館から作品を借用して開催した展覧会はあったが、本展では各収蔵品を「東京都コレクション」というまとまりとして捉えて紹介する初めての機会となった。また、2021年以降、東京都美術館でも「東京都コレクション」という括りで各館収蔵品を取り上げる展覧会を継続的に開催しており、「東京都コレクションでたどる〈上野〉の記録と記憶」（2021年）や「動物園にて—東京都コレクションを中心に」（2023年）等がある。

引用・参考文献

東京都生活文化スポーツ局（2023年5月）『都立文化施設運営指針』（https://www.seikatubunka.metro.tokyo.lg.jp/bunka/bunka_seisaku/houshin_torikumi/files/0000000932/toritubunkashisetushishin.pdf）（2024年7月29日閲覧）

公益財団法人東京都歴史文化財団（2021〜26年）『事業計画書』（https://www.seikatubunka.metro.tokyo.lg.jp/bunka/bunka_shisetsu/0000002396.html）（2024年7月29日閲覧）

第4章 コレクション管理と社会的価値の共有

博物館振興を支えるコレクション管理
―課題と展望―

半田昌之

はじめに

　本稿は、2024年（令和6）5月25日に開催された「法政大学資格課程主催シンポジウム『博物館の収蔵コレクションの現状と課題を考える』」で発表した「博物館振興を支えるコレクション管理―課題と展望―」の要旨をまとめたものである。

　筆者は、かつて企業系博物館に学芸員として勤務し、現場実務の中で日常的なコレクション管理の難しさを実感し、現在は博物館全体の振興を担う業界団体である日本博物館協会（以下、日博協）に身を置きながら、この問題を取り巻く多様な課題に向き合っている。学芸員だった時代を振り返ると、設立準備室から勤務した博物館が開館した後、館の知名度を上げるため展覧会事業に注力したことも影響し、収蔵資料の整理に手が回らず、少ない学芸員による展示優先の業務が日常化する中で、未整理の資料が増え、収蔵庫の管理が疎かになった苦い経験をした。博物館の移転計画とともに収蔵資料の管理体制を見直すまで30年を要した。振り返れば、日々の業務に追われる学芸員が自ら意識的に収蔵資料の保管・管理の体制を自分たちで見直していくためには、事業展開の方針の見直しも必要で、自らの強い意志だけでなく、所属する組織全体、そして設置者の理解と協力が不可欠であると実感している。

　今、博物館における収蔵スペース不足に多くの博物館が苦しみ、資料の管理体制の見直しと整備が求められる中で、過去の歴史や文化、自然環境の記録と記憶としての資料を適切に未来へと受け継ぎ、博物館がその役割を果た

すために何が必要なのか、「対話と連携」と「博物館法」を中心に考えてみたい。

1　博物館の根源的資源としてのコレクション

　何かしらの興味に基づく「ものの蒐集」は、多くの人が経験してきた行為ではないかと思う。筆者もかつて様々なものの蒐集に励み、細やかなコレクションを楽しんだ。喫茶店のマッチやコースター、旅先のペナント、大きなものではオートバイなどなど。家人からも批判の的となったこれらのコレクションの全てが、今は手元にない。いくつかは資料としての価値を認めてくれた博物館に収められ、いくつかは興味ある他の所蔵者の手に渡り、多くはゴミとして廃棄された。持ち続けたいという気持ちに立ちはだかった、未整理・来歴不明のものの増加と置いておくスペース不足、維持するためのコスト、周囲の無理解と処分への圧力など、多くのハードルをクリアすることができず、「私のコレクション」は無に帰した。

　個人の趣味としての蒐集物の顛末はともかく、価値ある「もの」を確実に保管し未来に受け継ぐ使命を担う博物館にとって、その機能を支える最も重要な根源的資源がコレクションであることを否定する人はいないだろう。しかし、そのコレクションが、現在多くの博物館で危機的な状況に置かれていることの原因は、あながち私的な蒐集に生じる問題とは次元が違うとも言えない要因もあるように感じる。

　コレクションが博物館の機能を支える根源的資源となった歴史を辿れば、多分に私的な、あるいは閉ざされた人々の嗜好や好奇の対象としての蒐集物がその原点となっていることは改めて指摘するまでもないだろう。それら蒐集の担い手が、時の為政者や権力者あるいは宗教団体等であった永い時代を経て、15世紀の後半以降、蒐集物は博物館という社会的装置の誕生によって永続的な存在意義を与えられ安住の棲家を得てきた。博物館のコレクションに与えられた永続性は、その公共性によって担保されるところに大きな意義がある。永続性の確保が保障されない私的なコレクションに対し、博物館に収蔵されたコレクションは、「私」から「みんな」が所有する公的な社会共有のコレクションとしての地位とともにその永続性を保障されることになる。「みんなのコレクション」こそ「博物館の博物館たる社会機能」を支える根源的資源の本質なのだと言えよう。

61

第4章　コレクション管理と社会的価値の共有

では、その根源的資源を取り巻く深刻な危機的とも言われる状況を生む要因はどこにあるのだろう。

博物館で保管されているにもかかわらずコレクションが「みんなのもの」になり得ていないのではないかという点と、そのコレクションの価値や意味を発信する装置としての博物館を支える制度が十分に機能していないのではないか、という二つの視点を取り上げてみたい。

2　博物館の定義にみるコレクションの位置付け

歴史の流れとともに、公の社会機能としてその役割を期待されるようになった博物館だが、その社会における機能はどのように定義されているのだろう。博物館の定義について代表的なものをいくつか確認しておこう（資料1～3、それぞれ抜粋、下線は筆者）。

ここに紹介した博物館定義に共有するのは、歴史、文化、自然等広い分野

資料1　2015年 UNESCO「ミュージアムとコレクションの保存活用、その多様性と社会における役割に関する勧告」（国連専門機関の国際勧告）[1]

> 「「博物館」とは、教育、研究及び娯楽を目的として、<u>有形及び無形の人類の遺産並びにこれらの環境の取得、保存</u>、調査、伝達及び展示を行う<u>非営利の常設機関</u>であって、<u>公衆に開かれた社会及びその発展を支援するためのものをいう」</u>

資料2　2022年 ICOM 規約（国際 NGO 組織規約）

> 「博物館は、<u>有形及び無形の遺産を研究、収集、保存</u>、解釈、展示する、社会のための<u>非営利の常設機関</u>である。博物館は<u>一般に公開</u>され、誰もが利用でき、包摂的であって、多様性と持続可能性を育む。倫理的かつ専門性をもってコミュニケーションを図り、コミュニティの参加とともに博物館は活動し、教育、愉しみ、省察と知識共有のための様々な経験を提供する。」

資料3　2022年 博物館法（国内法）[2]

> 「この法律において「博物館」とは、<u>歴史、芸術、民俗、産業、自然科学等に関する資料を収集し、保管（育成を含む。以下同じ。）し</u>、展示して教育的配慮の下に<u>一般公衆の利用</u>に供し、その教養、調査研究、レクリエーション等に資するために必要な事業を行い、併せてこれらの資料に関する調査研究をすることを目的とする機関（社会教育法による公民館及び図書館法（昭和二十五年法律第百十八号）による図書館を除く。）のうち、<u>次章の規定による登録</u>を受けたものをいう。」

の有形・無形の「もの」を収集・保管し、一般公衆に開かれ、その利用に供することを目的とする、常設の公的機関であるとしている点である。

3 「みんなのコレクション」になるために必要な 「対話」と「連携」

こうした点に照らして日本の博物館の状況を考え、2000 年（平成 12）に日博協が発表した報告書を注目すべき資料として紹介したい。

「「対話」と「連携」の博物館—理解への対話・行動への連携—【市民とともに創る新時代博物館」（文部省委嘱事業「博物館の望ましいあり方」調査研究委員会報告）として公開された報告書は、1951 年（昭和 26）の博物館法制定から約半世紀を経た日本の博物館が、予算や人員の削減が続く中で「博物館 冬の時代」とも揶揄される窮状に置かれた状況を踏まえてまとめられた。1973 年に文部省から告示された「公立博物館の設置及び運営上の望ましい基準」が、1998 年以降、地方分権推進政策の下で大綱化・弾力化されることによって学芸員の定数等の規定が撤廃されるなど、大きな改正が行われた状況も踏まえ、当時の厳しい博物館の運営状況を分析し、21 世紀に相応しい博物館の姿が示されている。

この報告書で提示された「対話」と「連携」は、先に示した博物館の定義における「一般公衆に開かれ、その利用に供する」部分に密接に関わる重要なキーワードであり、今後の博物館のあり方を考える報告書のタイトルに使われたことの背景には、当時の日本の博物館が、社会とのコミュニケーションを図る上で「対話」と「連携」への取り組みが十分になされてないという問題点を抱えていた表れと考えることができる。

報告書が出された当時、現場で学芸員を務めていた筆者も、様々な運営上の課題と向き合いつつ、博物館の本来の主体である利用者＝公衆とのコミュニケーションのあり方に悩み、収蔵資料の管理体制が整わない状況のジレンマの中で、コレクションとその情報を社会に開き共有する取り組みをなかなか進められない状況にあった。1970 年代から 80 年代にかけての伊藤寿朗による「地域博物館」や「第三世代の博物館像」などは、こうした市民＝公衆不在の博物館運営への警鐘と今後のあり方に対する提起として、現場にいる学芸員としても大いに刺激を受けたが、現場や関連学会等の空気は、学芸員の専門性や調査研究の必要性に関する内向きな議論が多く、博物館の主体で

第4章　コレクション管理と社会的価値の共有

ある公衆との関係性の議論はなかなか深まらなかったように感じていた。

　結果として博物館に対する利用者の関心は、展示や展覧会で接することができる領域が中心となり、展示以外の博物館を支える多くの事業は、公衆の目に届かないところに置かれていった。本シンポジウムの主題であるコレクション管理についても、それぞれの博物館が果たすべき目的や、目的を果たすための収集方針が組織的に整備されない問題を抱えつつ、学芸員の属人的な判断による収集も行われるなど、博物館としての体系的なコレクション形成が難しい状況も生じる中で、学芸員の仕事や収蔵庫など博物館のバックヤードは、博物館の外の社会や公衆にとっては「ブラックボックス」のような領域となってきた施設が少なからずあることも否めない。

　こうした背景を考えると、昨今のような収蔵庫不足の問題が顕在化し、博物館のコレクションの処分や廃棄がにわかに検討のテーブルに上がったとしても、博物館の管理者、設置者、そして何より広く公衆に、正しい理解と判断を求めるのは難しいだろう。増え続けるコレクションを持続的に保管する体制を整備するためには相応のコストが必要であることは言うまでもない。しかし、博物館本来の存在意義や目的・役割が理解されていない状況で、収蔵庫が満杯になったので増設してくださいと訴えても容易く認められるはずはない。コレクション管理に関して生じる問題の多くが、管理者や設置者にとって、その意義よりコスト面が検討の論点になりがちな原因が、基本的な理解不足にあり、その一端を現場が担っていることも認識する必要があるだろう。

　コレクションは何もしなければ守れない。守り、次世代に受け継ぐためには、博物館自体の存在意義を社会が共有し、博物館に収蔵されているコレクションについての情報や価値が公開され、それぞれの資料の利用を希望する人々が確実に資料や情報にアクセスできる体制づくりが欠かせない。今、できていなくても、できるところから、博物館の目的、運営、資料収集・管理の方針を定めて、取り組もうとするプロセスを社会に示し、利用者と共有する。こうした博物館の日々の取り組みを可視化することが、改めて求められる時代を迎えていると言えるだろう。

　コレクション管理をめぐる現場の問題についても、学芸部門だけの問題ではなく、館全体の問題として館長を中心に組織として検討する体制を作り、設置者への理解を求め、そのプロセスを市民・利用者と共有する。つまりは、

身近な内部から社会につながる幅広い関係者とともに、運営者、設置者との「対話」と「連携」を進めることで、これからの博物館の持続的なあり方を「共に考え」「共に創る」体制を築くことが喫緊の課題と言える。

*

2019年に日博協が実施した「日本の博物館総合調査」[3]の結果を見ると、博物館の現場が感じている「博物館界全体の課題」の第1位は「国や地方公共団体の博物館振興策が十分ではない」(72.7%)で、第2位は「市民・国民が博物館を支援する体制ができていない」(70.9%)という結果であった。両項目についても博物館の関係者としては切実に拡充を願いたい重要な課題である。これ等の課題への対応に、筆者が属する日博協のような振興団体や関連の学協会が果たすべき役割が大きいことは言うまでもない。その一方で、博物館振興政策に国や自治体の予算を割くことへのコンセンサスの醸成とともに、何より主体である市民・国民が「博物館を支援したい」という共感の輪を広げるためには、現場の博物館の日々の取り組みの積み重ね、つまり「理解のための対話」と「行動のための連携」が欠かせない。

その先に、本シンポジウムのテーマであるコレクション管理の課題解決の糸口が見えてくるのではないだろうか。博物館の目的や運営方針を定めた上で、館内にどんな資料がどれだけあるのか、それらの資料をコストを掛けて博物館で保管することが社会にとって何故必要なのかを、先ずは館長はじめ学芸員を含めた館全体で共有し、その共有の輪を設置者、そして市民へと広げていく。

そんなことはそもそも自明のことで、理解できない内部の職員や館長、行政・設置者、市民、社会の側に問題がある、という理屈ではこれからの博物館は守っていけないだろう。少子高齢化、過疎化が急速に進む日本社会で、博物館は「出来てしまえば恒久的な公共施設」であり続けられる保証はどこにもない。限られた財源は、より多くの人が必要と考える分野から優勢的に分配されていく。収蔵庫に溢れた資料を前に、これからの博物館のあり方を考える必要が生じたときに、首長が「保管する価値のない資料は廃棄も含めた処分を考える」と発言したことがニュースになる。知事や行政の博物館に対する無理解を責める人もいれば、そこに至るまでの博物館の閉鎖性や無計画性を批判する人もいる。こうした発言に一喜一憂するのではなく、日頃から、博物館とその運営に関わる人々、利用者、設置者が対話を交わし、理解

を醸成することで、何か問題が起きた時には、その理解を基礎に、連携して
これからどうするかを考えていく。博物館を取り巻く状況は、今まさに新た
な「対話と連携の時代」を迎えている。

＊

　では、博物館が、幅広いステークホルダーとの対話と連携を進め、博物館
の存在価値を社会で共有するプロセスで、博物館法はどのような位置付けで
どのような役割を果たすことができるのだろうか。

4　博物館の博物館たる姿を示す博物館法

　本稿で紹介した筆者の私的コレクションはあっけなく消滅したが、博物館
が保管して未来へと受け継ぐ価値を認められたコレクションとの違いを考え
る時、改めて「博物館とは何か」が問われる。

　公共施設である博物館が社会資本として理解されるために「対話と連携」
が必要であることは前項で述べたが、博物館の博物館たる基本的姿の指標と
なるのが先に示した「博物館の定義」である。

　先に示したユネスコの博物館に関する国際勧告（2015年）とICOMの博物
館定義（2022年）は、これからの博物館に求められる役割について、社会全
体への貢献を基本に様々な社会課題への対応の重要性を前面に掲げつつ、そ
のために、過去から残された多様なコレクションの収集保管、調査研究、教
育等を博物館の基本機能として示している。こうした機能を備え運営されて
いる博物館が、世界にいくつあるかは想像するしかないが、5万とも6万とも
言われる世界の博物館の位置付けについては、多くの国が、法律等何等かの登
録制度によって、国等が博物館を社会資本として認定する仕組みを持っている。

　日本においては、いうまでもなく博物館法がこの仕組みの基本となる。こ
の法律に示された「日本における博物館」の定義を改めて見てみると、公衆
の利用に供するために、資料の収集・保管や教育普及、調査研究を<u>行う施設
であるという機能を示した上で、それらの機能を有する施設の中で博物館と
は「次章の規定による登録を受けたものをいう」</u>と規定されている。つまりは、
数多く存在する日本の博物館のうち、社会資本として法律上位置付けられて
いるのは、法による登録を受けた施設だけということになる。

　こうした視点で日本の博物館全体を見てみると、2021年度の文部科学省社

会教育調査によれば、施設の数は 5,771 とされているが、登録博物館あるいは博物館に相当する施設（改正法では指定施設）として認められているのは、登録博物館が 911、博物館相当施設（指定施設）が 395 の合わせて 1,306 施設で、全体の約 2 割にすぎない。日本の博物館の約 8 割は、その存在が法律上は博物館として認められていないということになる。

　もちろん、その 8 割の中にも、博物館として十分な施設・機能を備え、社会からも高い評価を得て充実した活動を展開している博物館は多くある。法律上の登録・指定は、施設側の意思による申請主義を基本とする制度であり、博物館という名称独占の制度もない。また、申請手続きの煩雑さや登録・指定になることのメリットが希薄との理由から、十分な機能を有しても登録・指定となっていない博物館が多く存在している。結果として充実した活動を展開している多くの博物館が登録制度の外側で、博物館法の対象外の施設になっている現状がある。特に、法律の対象外に置かれた博物館の約 9 割が市町村立の公立博物館で、更にその 7 割以上が、地域の歴史文化資源の保存活用を担う郷土や民俗資料を扱う歴史系の公立博物館で、少ない人員と限られた予算で運営され、本シンポジウムで取り上げられた、コレクション管理をはじめ、収蔵の限界を超えた収蔵庫など、博物館が直面する資料管理等に深刻な問題を抱える施設である。

　こうした状況の中で、博物館法と博物館登録制度は、深刻な問題を解決するための重要な土台であり、その先の博物館全体の振興を支える不可欠な支柱になり得ると、筆者は考えている。

　人口減少、過疎化等により財政が厳しい地域が増加する状況で、市町村合併等の影響も被り、地域政策の優先度が低く、課題解決へ十分な資金が確保できない窮状に置かれた公立博物館は少なくない。また、企業系等の私立博物館も、設置者の経営方針の変容は博物館の存続にも影響を与える。

　市民や関係者との対話と連携によって理解は得られたとしても、資金の確保は容易ではない。しかも理解を得た設置者が必ずしも博物館の課題解決や存続を支持する保証はない。そうした時に、その博物館が法律に規定された博物館なのか、博物館の名称は冠されているが法律の規定外の博物館なのかは大きな意味を持つ。もちろん、今後の博物館の持続的経営を確保するためには、設置者からの資金提供は必要不可欠だが、それだけに頼らず幅広い理

解者から広く資金を調達する努力も必要な時代となっている。幅広い理解を
得るための対話の前提として、対象の博物館が、法律に規定されている登録
あるいは指定施設であるかどうかは、その先の支援を得るために一定の力と
なろう。また、さまざまな理由から、コレクションの保管に対して理解のな
い判断がなされようとした時に、法律で定められている指針は、判断の修正
を求める根拠にもなり得る。

　「法律のないところに行政は及ばない」の言葉のように、博物館にとって
の博物館法は、その社会的存在理由（価値）を担保する基盤であるとともに、
対話と連携を進めるための矛にもなり盾にもなるものとして積極的に活用す
べきであると考える。また、博物館の設置者は、登録のメリットを考える以
前に設置者の責任として登録制度を捉えていただくことを強く訴えたい。

結びに

　改正博物館法が施行された 2023 年度中に、新たに申請・承認された登録
博物館は 79 施設だった。その内、旧法で登録されていた施設からの再申請
が 47、旧相当施設から登録が 12、類似施設からが 15、新設から登録博物館
になったケースが 5 件あった。また、同年度に再確認、新規に申請・承認さ
れた指定施設は 10 施設で、再確認が 3、類似施設からが 5、新設からが 2 であった。

　この数が多いか少ないかを単純に評価することはできないが、新たな登録
制度に多くの博物館、特に、中小規模の地域博物館ができるだけ多く入り、
法律に規定される博物館としての位置付けを手に入れることを強く望みた
い。その位置付けによって、コレクションを未来に繋げる機能が社会的に保
証され、収集と活用の方針を体系化し、コレクションの情報を調査研究によっ
て可視化し発信する学芸員を配置しなければならない根拠を得ることができる。

　こうした博物館としての基本的な姿を法律に基づいて規定することによっ
て、設置者と運営者、そして現場で実務を担う人々がそれぞれの責任を担い、
「対話」と「連携」の繰り返しの中で、運営課題に向き合いながら、博物館
を地域・社会に開いて求められる役割を果たす。

　浮き彫りにされる現状の博物館の窮状からすると、理想論、絵に描いた餅
と思われるかもしれないが、状況の厳しさを見れば、使える制度は最大限使
いながら、必要な対話と連携をすぐに始めなくてはならない差し迫った状況

であることを認識すべき時ではなかろうか。

　登録博物館になるための審査は、都道府県や政令指定都市等の教育委員会の自治事務として行われるが、国は審査要件の目安として、博物館法施行規則に以下のように「参酌基準」[4] を示している（資料4）。

資料4　参酌基準にみる資料の収集・保管・活用（抜粋、下線は筆者）

第三章　博物館の登録に係る基準を定めるに当たって参酌すべき基準（抜粋、下線は筆者）
第十九条（博物館の体制に基準・抜粋）
一　博物館資料の収集、保管及び展示（電磁的記録を公開することを含む。）並びに博物館資料に関する調査研究の実施に関する基本的運営方針を策定し当該方針を公表するとともに、相当の公益性をもって博物館を運営する体制を整備していること。
二　博物館資料の収集及び管理の方針を定め、博物館資料を体系的に収集する体制を整備していること。
三　博物館資料の収集及び管理の方針に基づき、所蔵する博物館資料の目録を作成し、当該博物館資料を適切に管理し、及び活用する体制を整備していること。

　改めて見ても、求められる資料収集、保管活用に関するハードルは決して高くない。現状の運営でも十分に要件を満たしている博物館は相当数存在していると確信している。今後は、先ずはこの基準を満たす1館でも多くの博物館を法律に規定された社会資本として位置付け、更にそれぞれの博物館が抱える運営課題に対して解決に向けた支援を行える博物館政策の充実と予算の確保を強く求めたい。

　日博協としても、登録制度の拡充に向けた博物館や自治体への支援や、今年度に実施予定の全国博物館総合調査による博物館の運営実態の把握、2004年に刊行した「資料取り扱いの手引き」（博物館の望ましい姿シリーズ2）の改訂をはじめ、社会に対して広く博物館の存在意義や未来に果たせる役割を積極的に発信することによる対話と連携の充実に取り組み、博物館のコレクションが未来への糧としての役割を果たせるようでき得る努力を続けたい。

註
（1）2015年ユネスコ勧告（https://icomjapan.org/wp/wp-content/uploads/2020/03/UNESCOreport2015.pdf）
（2）博物館法（https://laws.e-gov.go.jp/law/326AC1000000285）
（3）令和元年博物館総合調査報告書（https://www.j-muse.or.jp/wp-content/uploads/2024/02/R2sougoutyousa.pdf）
（4）登録博物館審査に係る参酌基準（https://www.bunka.go.jp/seisaku/bunkashingikai/hakubutsukan/hakubutsukan04/02/pdf/93734001_14.pdf）

博物館政策と収蔵庫問題

中尾智行

はじめに

　政策とは、国や地方政府（自治体）や政党、団体または個人が社会の発展や公共課題の解決のために立案され、実行される。歴史、芸術、民俗、産業、自然科学等に関する資料を専門性に基づいて収集し、将来へ継承するために適切に保管（収蔵）することは博物館の最も基本的かつ重要な機能であり、次世代への責任といえるが、はたしてその意義は社会に広く共有されているだろうか。

　日本博物館協会がおおよそ5年おきに実施している総合調査（以下、総合調査）に拠ると、57.2% の博物館の収蔵庫が「満杯状態」にある（日本博物館協会 2020）[1]。「満杯状態」では新しい資料の購入や受け入れができず、コレクションの充実化は進まない。また、今後、地方の過疎化に加え、少子高齢化が急速に進行する我が国においては、遺産としての地域資料や個人コレクションをどのように位置づけ、守っていくのかが喫緊の課題となってくる。博物館収蔵庫はそのひとつの受け皿となるはずだが、現状ではその機能を発揮できないことが想定される。「収蔵庫問題」は、博物館コレクションの充実という組織内での問題だけでなく、地域資料の保全にも係る課題と言えよう。

　こうした収蔵庫問題の根底には、自治体財政の逼迫と将来に向けた社会課題の拡大、博物館の資料の収集保管機能に関する社会的認知の低さがある。我が国の博物館のおよそ8割は自治体設置の公立博物館であり、その経営は税金を原資とする自治体予算で行われる。自治体予算の支出項目をみると、少子高齢化の対策・対応や障害者福祉等に使われる「民生費」が経時的に大きくなってきており、生活環境やインフラ維持のための「衛生費」や「土木費」も大きなウエイトを占めている。学校教育、社会教育等の「教育費」も大き

な予算が組まれているが、その大半は学校教育に割かれ、公民館や図書館、博物館に割かれる社会教育費は、教育費のなかの7.3%と1割にも満たない[2]。さらには、民生費や土木費などは少子高齢化の進行や、道路や水道管等のインフラ設備の老朽化等で今後も支出が膨らむことが想定される。必然、住民にとって積極的な意味の見出しにくい博物館等の文化施設、とりわけその中でも可視化されにくい収蔵機能については予算が割かれにくくなる。また、博物館がそれぞれの専門性に依拠しつつも、あらゆる文化・自然事象をその資料として取り扱い得ることを考えると、収集の対象と物量は拡大の一途を辿る。そのたびに収蔵庫の新築や増築を行い、管理のための人件費や光熱費、システムの管理コスト等を増やしながら所蔵を続けていくことは長期的に見ればおよそ現実的ではない。

　地域の歴史や文化芸術、風土や自然を守り伝える博物館資料は、将来に向けた遺産や住民の心の拠り所としてだけでなく、地域の活性化と新しい創造のための資源であり、学術や文化の発展のためにも体系的なコレクションとして、常に充実させながら継承し続けなくてはならない。「満杯状態」の収蔵庫では、それが叶わないことになるが、こうした問題点は住民に広く共有されていない。これを公共課題とすることで政策上のプレゼンスを上げ、できる限りの対応を進めていくためには、資料そのものと、それを収集保管していく意義や地域に及ぼす価値や便益を広く発信し、社会と共有していくことが求められる。また、それと並行して、専門的見地と中長期的視点に立ったコレクション管理を実施することにより、コレクションの整理と積極的な活用、そして体系的な充実を図っていく必要がある。

1　博物館資料の意義

　博物館の設置目的や使命に基づき、専門的見地のもとで資料の収集保管を行っていくことは、博物館における最も基本的な機能と役割であり、収集資料から成るコレクションは博物館活動の基盤である。調査研究や展示、教育などの活動も、基本的に資料に関して実施される。博物館は地域や専門領域に存する資料に対して、専門性や学術性を担保しつつ、地域の文化、自然等に連なる価値づけを行いながら収集し、適切に保管して将来に向けて継承していく。収集される資料には貴重な史資料や芸術、文学作品から前近代の生

第4章　コレクション管理と社会的価値の共有

活用具、音声や映像の記録、地誌を物語る鉱物類や身の回りにある動植物、はては日常の暮らしのなかで消費され、廃棄されるようなものまで含まれる[3]。学芸員を中心とした博物館職員は、こうした資料が持つ様々な文脈を言語化、可視化しながら収集し、収蔵資料群としてのコレクションに体系的に位置づけ、価値化していく。その視野角は必ずしも現代の社会や住民に向けただけのものではなく、遠く数十年、数百年の未来に及ぶ。

　例えば、歴史博物館では考古遺物（埋蔵文化財）に関する資料を多く収蔵している。関心の薄い人から見れば、同じような土器や石器ばかりを集めているように見えるだろうが、そもそも手作りの人工物である以上、ひとつとして同じものはない。それぞれが我々に連なる祖先の手によって形作られたものであり、国宝や重要文化財に指定されるような技術の粋を尽くした特別な工芸品はもちろん、普段の生活に用いられる日常の道具であっても、当時の文化や美意識、個人や集団の技術や知識を雄弁に物語ってくれる。大量にあるようにみえても、埋蔵文化財は偶然の発掘によって、数百、数千年の年月を越えて奇跡的に現代に蘇ったかけがえのないものであり、すべてとは言えないまでも、できるだけ多くを博物館資料として収蔵し[4]、将来世代に伝えていく義務と責任がある。また、保管されてきた資料に対して新しい分析技術や方法を用いることで旧説を覆すような発見につながったり、学術や学説の進展によって新しい資料価値が見出されたりすることもある[5]。

　自然科学の分野においても同様で、動植物や鉱物等の標本においても、地域性や経時的な変化を比較検討するために経年的に同種の標本を集めることが重要になる。そうした地道な収集活動が地域の環境や生物多様性の変遷を明らかにし、新しい発見に繋がることも多い。こうした収集活動が途絶え、将来に欠損のあるデータコレクション（試料）を残すことになれば、地域や時間を横断するような検討や調査研究に支障が生じることになる。

　しかし、こうした学術上の価値や調査研究により見出される可能性は、各領域の専門知識を持たない人々には理解しづらいうえ、予測不可能な将来的価値を説明し、納得を呼ぶことは容易ではない。また、地域の自治体が設置、運営する博物館が、自治体の枠を超えて広範な学術の振興や発展にも寄与する施設や機関であることの理解は広がっているとは言い難い。

2　意義を伝える収蔵庫と展示

　近年では、資料収集活動の意味や収蔵資料の価値を可視化し発信するための施設や展示が増えてきている。そのひとつに「オープン収蔵庫」や「見える収蔵庫」(Visible Storage) と呼ばれるものがある。収蔵庫の一部を来館者が見学できるようにすることで、物理的な展示スペースの限界によって収蔵資料の多くが展示・公開できないことに対応するとともに、博物館の収蔵施設や収蔵機能について理解を促す意図がある。

　2010年（平成22）に開館した長崎県の壱岐市立一支国博物館は、その建築設計時から収蔵庫のオープン化について検討を進めた。当初は「観察窓」から収蔵庫内を「見せる」計画だったとのことだが、黒川紀章氏による斬新な設計と、安全性と防災面を担保しながら収蔵状況を美しく見せる棚やライティングについて検討を重ねることにより、大きく開いた「観察壁」から庫内を「魅せる」収蔵庫として計画を練っていったという（松見2010）。全国的な問題でもあるが、特に埋蔵文化財資料は発掘が進むたびに増えていく。埋もれた郷土の歴史を明らかにし、記録化・情報化して保存していく発掘調査の意味にあわせて、出土品を博物館で恒久的に収蔵保管する意義を伝えるために収蔵庫をオープン化するだけでなく、観覧者に好印象を持ってもらうた

図1　一支国博物館の「オープン収蔵庫」

めの「魅せる」意識で施設整備を行った好例と言えよう(6)(図1)。

　自然系博物館でも「魅せる」収蔵庫の事例がある。兵庫県立人と自然の博物館では、2022年（令和4）に新収蔵庫棟を開設するにあたり、「標本・資料の持つ価値を、すべての人とひらく」ことをコンセプトにコレクショナリウム（collection（標本）＋arium（〜まつわる場所）を掛け合わせた造語）という施設を立ち上げた。「博物館のあるまち」の演出によって街のにぎわい創出に繋げる目的で、内閣府の地方創生拠点創出事業交付金を受けており、収蔵庫の一部を公開して、標本箱に美しくレイアウトされた昆虫標本や剥製等をみせるとともに、作業の様子を見学できる標本制作室などを併設している。誰もが立ち寄れる公開エリアでは、博物館資料の収集意義を伝える展示が行われているほか、多様なワークショップやイベント等が開催され、参加者は収蔵資料に囲まれた空間で知的刺激を受け、好奇心を満足させることができる。

　こうした収蔵庫のオープン化や機能付加は広がりをみせており、2025年のリニューアルオープンに向けて改修を進めている宮城県美術館においても、旧「県民ギャラリー」の改修によって「見える収蔵庫」を設置予定との計画が公表されている(7)。ただし、博物館関係者以外にはあまり意識されないが、資料を多くの人が観覧できる状態に置いて「見える」ようにするための「展示」は、移動や設置、温湿度の変化、光線被曝等、資料の棄損や損耗のリスクを常に伴っている。本来環境的に安定した収蔵庫内で管理されるはずの博物館資料を「見える」状態に置くことは、保存の観点からみれば望ましいことではないし、「見える」ようにするために相応のスペースが必要になることで収蔵効率は低下する。また庫内燻蒸等、資料保存のための処理も難しくなる(8)。「オープン収蔵庫」や「見える収蔵庫」というものは、決して「新型の収蔵庫」というわけではない。蓄積されたコレクションの意義と魅力を伝えるために、本来は資料の「保存」に望ましくない「展示」の機能を収蔵庫に付加したものに過ぎない。展示機能を優先するあまり、本来期待される保存や収蔵機能を損ねることのないように十分な検討が必要になる。

　他方で、収蔵庫の改修や新設という大掛かりな施設整備がなくとも、博物館資料のコレクションとしての魅力や将来世代への継承という意義を伝える取り組みを進めることも重要だ。鳥取県立博物館では、開館50周年記念の企画展「すべてみせます！収蔵庫の資料たち」を2022年10月から12月に

かけて開催した（図2）。自然、人文（民俗・歴史）、美術の3分野からなる収蔵資料、約50万点を可能な限り展示することで、50年にわたる資料収集と調査研究の活動成果を示した展示である。来館者からは

「収蔵品の多くを目にし、涙が出るほど感動しました。よくぞこれだけの県民の宝を守ってくれていると感激しました。」

「子どもの頃を思い出して、また父・母に会えた気持ちになり、わくわくしました。ありがとうございました。」

「日頃どう収蔵されているのか、博物館による収集・整理・研究にどのような意義があるのか（いかに価値あることをなさっているのか）が良く分かりました。展示方法含め、大変すばらしかった企画だったと思います。」

「とにかくよかった。子どもたち、孫たちに見せたい。」

（下線は筆者が追加）

等の感想が寄せられたのことで、博物館の資料の価値や魅力だけでなく、未来に向けた収集管理（収蔵）の重要性や意義が理解されたことが伝わってくる（鳥取県立博物館 2023）。

また、国立科学博物館では、ハワイの実業家ワトソンT.ヨシモト氏から寄贈を受けた約400点の動物剥製等をデータベースとして整備するとともに、一部を3Dデータ化し、種情報や解説を付けた「剥製3Dデジタル図鑑"Yoshimoto 3D"」として公開した[9]。普段展示できない資料の利用や閲覧の環境整備を進めるとともに、哺乳類の多様性を伝えるコレクションの意義を発信する取り組みである。博物館内の展示室には物理的なスペースの限界がある。デジタル・アーカイブの公開によってコレクションを利用や閲

図2　鳥取県立博物館
「すべてみせます」展チラシ

覧の可能な状態にすることは、公的な資金で運営・維持される博物館とその資料に係る責務とも言える[10]。同館が 2023 年に実施し約 9 億円を集めたクラウドファンディングは大きな話題を呼んだ。個人的には、目標額を大幅に上回った資金調達成果以上に、収集保管される資料を「地球の宝」と言語化して収集活動の意味と意義を伝えるほか、研究員による魅力的な調査研究と、資料への愛情を発信することによって、広く社会の共感を生んだことに大きな意義を感じる。クラウドファンディングは資金調達方法としてばかり注目されがちだが、その活動の基盤であり本質は、社会に博物館の活動や資料の価値を発信し共感を得ること（パブリックリレーションズ）にある。

3　コレクション管理の必要性

以上のような博物館の資料の収集管理の意義を、広く社会と共有するための仕掛けや取り組みは重要であるが、それと並行して進める必要があるのが、コレクションの体系的な収集・整理と充実化を図るための「コレクション管理」である。前者を外（社会）に向けた発信と捉えるならば、後者は内（博物館）における活動基盤の適正化や再構築といえる。「コレクション管理」については、本書における他の寄稿者から詳しい考え方や取り組みが示されるため、ここでは詳しく解説しないが、単に資料を集め保管することだけを指すのではない。先行して取り組まれている欧米での用語は"Collection Management"であり、その取り組みや方針を知るほどに、日本語の訳語が持つ狭義の「管理」の意味合いを超えたものであることがわかる。それは収集保管を目的化させるのではなく、収集活動によって形成されるコレクションの体系的な価値の形成と、その活用による博物館の使命の達成までの道筋が明確に意識される、経営戦略的なプロセスやロジックと捉えることができよう。

一方で、博物館の「収集保管」の作業として具体的に示せば、「資料の収集、ドキュメンテーション、整理保管、保存、収蔵管理、アクセス・活用、処分など」（金山 2022a）と、資料にまつわる一連の博物館活動が示されることになる。ここで重要なのは、「管理」とは資料を保管し続けることのみを指すのではないということだ。そこには、資料利用のためのアクセス・活用のほか、「処分」が含まれている。

処分とは、「取り扱いを決めて物事の決まりをつけること」なので、この場合は、本来、恒久的に管理、収蔵されることが前提として取り扱われるはずの博物館資料について、異なる取り扱いに変えることを意味する。譲渡、売却、廃棄などのほか用途転換（例えば学習教材や体験用資料として供するなど）など、処分の方法は多様に想定され、それによって生まれる新しい価値も想定されるが、次代への継承を大前提として資料を収集し保管してきた博物館とその関係者にとって、「処分」に踏み込んだ「管理」には大きな抵抗感があるだろう。もちろんそれは、資料の守り手としての真摯な職業倫理に基づく反応であり、否定されてはならない姿勢である。ただし、ここで収蔵庫不足という現実的な「経営課題」が立ち上がってくる。

4　収集管理の機能と役割は新しいステージに

我が国の博物館は、戦後の復興と高度経済成長期による国土開発が一段落し、国民が「心の豊かさ」を求めるようになった1970年代以降、90年代の後半にかけて急増した。時の大平総理の1979年の国会施政方針演説に象徴されるように、「文化の時代」「地方の時代」を掛け声として、全国の自治体で博物館を始めとする文化施設の建設が進んだ[11]。新しく設置された博物館は、地域の歴史資料や芸術作品、自然資料等の収集を進めつつ、海外の優れた芸術品等を購入し、文化芸術の啓蒙普及による「市民の文化化」を推進した。経済優先の地域開発から豊かで文化的なまちづくりに大きくシフトした時代に、文化施設整備の一環としての博物館のコレクションの充実が求められ、目的化されるなかで、その意義については大きく問われることなく所蔵資料は増え続けてきた。

翻って現在、90年代後半にかけて各地に設置された博物館の老朽化は進み、長年の収集活動の結果として収蔵庫は「満杯状態」となってしまった。社会教育調査からは、我が国の博物館の約7割が築30年以上を迎えていることが知れ、約6割の博物館の収蔵庫が「満杯状態」にある総合調査の結果と整合的である（図3）。他方で、自治体立の公立博物館が全体の8割近くを占める我が国においては、博物館の設置と運営（予算）は自治事務として各自治体の裁量に委ねられている[12]。引き続き政策や行政的観点での大局的な検討を進める必要はあるものの、政府として各自治体が設置する博物館の収蔵

第4章 コレクション管理と社会的価値の共有

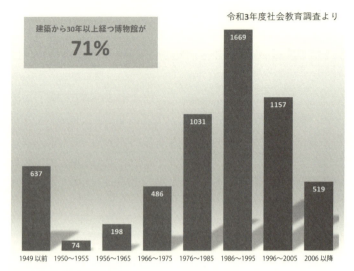

図3　博物館の建築年別分布

庫問題に直接的に取り組むのは難しい。

　先に挙げた「見える収蔵庫」のような機能付加型の収蔵庫や、複数の博物館で利用する共同収蔵庫の設置なども一定の効果はあると思われるものの[13]、これらの収蔵庫にもメリットとデメリットがあるし、組織や事業体をまたがる大規模な施設整備とその維持には相当な検討が必要であり、容易に設置できるものではない（図4）。いずれにしても、収蔵庫の設置や拡大は一時的には効果があるものの、UNESCOやICOM定義に示されるようにPermanent Institutionとしての博物館を考えたときには、抜本的な対策とは言えない。

　こうした現状のなかで、これまでのような資料収集の拡大路線はもはや維持できないのは当然のことと言える。一方で博物館の収集活動が「止まる」ことは、コレクションが固定化され、今後の充実を図ることができないことを意味する。それ以上に深刻なのは、館内の資料は守れても、館外に存在する地域資料や学術資料が失われていくことだ[14]。我が国では少子高齢化という大きな社会課題に直面している。高齢化においては個人で収集されてきたコレクションが、少子化においては学校の統廃合などで失われる「学校資料」が、その価値を認識されないまま廃棄の対象となることが懸念される[15]。受

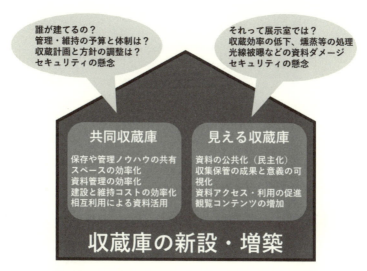

図4　共同収蔵庫と見える収蔵庫

け皿のひとつとなるべき博物館の収蔵庫が機能不全に陥ることで、行き場を失ったこれらの資料が、記録化もできないまま散逸や滅失する状況を生む可能性がある。

　こうした現状に対して、収蔵スペースの拡幅や新しい収蔵庫の建設で対応できればよいが、結局また数十年が経過すれば同じ問題が立ち上がってくることになる。ここで求められるのが、処分までを含んだ「コレクション管理」の各館での検討ということになる。ただし当然ながら、スペースが足りないから整理し、処分する、というような単純な話ではない。イギリス博物館協会が2015年に示した『ミュージアムの倫理規程』は、「1 社会への関与と公益」「2 コレクションの管理」「3 個々人と機関の誠実性」の3本の柱で構成されており、「処分」についても触れられているが、強調されているのは、処分は倫理に基づいて行われることを前提として、「コレクションの拡充方針」の一環であるという認識である（金山 2022b）。博物館のコレクションは、それぞれの専門性と館が伝えていくべきメッセージに基づいて収集され、体系的に管理される。資料の処分は、対象資料がコレクションのなかでどのような位置を占めているのか、処分することによりどのような成果が得られるのか、それは公的な利益に繋がるのか、十分な検討とプロセスのうえで行わ

第 4 章　コレクション管理と社会的価値の共有

れる必要がある。それが適切に成されることを前提として、処分は社会的意味を持ち、コレクションの充実化に繋がることになる。

　国内外にわたる博物館の収集活動は、長期にわたって着実かつ堅実に成果を積み上げてきたが、発展期において表面化しなかったり、棚上げされたりしてきた課題も多い。現在の収蔵庫問題は、急に立ち上がってきたものではない。過去からの歴史と経緯の上にあり、当初から見えていた問題から目を反らしてきただけだ。その問題に直面する我々は、博物館の収集管理における機能と役割が新しいステージに入ったことを認識し、それぞれの立場で真摯な検討と取り組みを進めなければならない。そうしなければ、また次の世代に向けて大きな課題を先送りすることになる[16]。

5　博物館法改正と博物館資料

　2022 年 4 月 15 日に約 70 年ぶりとなる改正博物館法が公布された[17]。戦後間もない 1951 年（昭和 26）の制定当時から比べると、博物館数は約 30 倍に増加し、館種だけでなく設置主体も多様化した。政治や社会の変化にあわせて人々の暮らしが大きく変わるなかで、博物館に求められる役割や期待も多様化、高度化してきた。法改正では、様々な規定の現代化を行うとともに、「法律の目的及び博物館の事業の見直し」と「博物館登録制度の見直し」を行うことで、これからの博物館振興のための法制度を整備している。コレクションに関係する観点では、まず「博物館の事業」に「博物館資料に係る電磁的記録の作成、公開」が加わったことが挙げられる（第 3 条第 1 項第 3 号）。実は、収蔵資料の「ほとんどすべて」を資料台帳に記載できている博物館は44.8% しかない（総合調査）。収集した資料情報を整理しリスト化（ドキュメンテーション）して把握することは、資料管理の基礎作業と言えるが、それが十分に進んでいない。また、公共の財産である文化財を中心に構成され、公立館においては公的資金で維持管理されている博物館資料は、多分に公的な性格を持っているが、その情報が広く公開されず、ブラックボックス化している現状もある。今後、資料のドキュメンテーションを進め、安定的、効率的に情報整理を行い、公開、発信していくためには、資料情報のデジタル化とオープン化がひとつの重要な手段となる（中尾 2022）。

　なお、実物を通した鑑賞や教育の場としての博物館の視点からデジタル化

	実物資料	デジタル資料
強み	「ホンモノ」という唯一無二の価値 直接的な体験 実物の持つ膨大な情報	棄損リスクのない鑑賞 鑑賞機会の拡大（多数同時存在） 鑑賞視点の多様性（高精細・3D） 鑑賞体験の双方向性と拡張性 利活用の機会と方法の多様な拡大 情報付与と情報リンク 総覧的で検索性が高い
弱み	展示や利用に伴う棄損リスク 鑑賞機会の限定性 鑑賞視点の限定性 鑑賞体験の限定性 利活用の機会と方法の限定性 個別的で検索性が低い	巧拙を超えた「複製」の位置づけ 間接的な鑑賞・利用・体験 技術が進んでも「ホンモノ」と同じ ものは作れない

（中央に「相補的関係」と矢印）

図5　実物資料とデジタル資料の相補的関係

に反発したり、デジタル情報として記録化すれば実物は不要とされるのではないか（設置者等からそう思われるのではないか）という懸念の声を聞くことがある。デジタル化された情報は活用次第で実物以上の鑑賞を可能にしたり、広範な利用により資料の価値や魅力の共有や研究の進展に繋がったりするものではあるが、当然ながら実物の代替にはなり得ない。それぞれの価値と意義は相補的であって、どちらかがあればいいというものではない（図5）。言葉や文字、写真や映像など、実物を記録化する情報メディアは多様に存在しているが、どのように情報化しようとも、実物の唯一無二性は失われることはないことは同じだ(18)。むしろ、両者の融合が博物館体験を豊かにし、資料の利活用を進めるものであることに注目すべきだ。利用者の観点に立てば、ニーズや関心のほか、身体的、物理的な状況や環境に応じて博物館や資料の利用に幅広い選択肢があることは望ましいことだし、情報や体験が豊かになることでより深い理解に繋がる。損耗しないデジタル文化資源を活用した市民との協働や創造的活動の促進も期待できるだろう。こうした多様な魅力の発信と、新しい価値の共創が、資料の価値と収集保管の意義を社会に広げることになる。

　博物館の登録制度の見直しにおいても、資料に関する基準の改正が行われた。敷地や施設設備の規模などの外形的な基準ではなく、博物館としての活動の内容や質を求めるものに改めた基準のなかには、「博物館資料の収集及び管理の方針を定め、博物館資料を体系的に収集する体制を整備しているこ

と（博物館法施行規則第 19 条第 1 項第 2 号）」、「博物館資料の収集及び管理の方針に基づき、所蔵する博物館資料の目録を作成し、当該博物館資料を適切に管理し、及び活用する体制を整備していること（同第 3 号）」等の博物館資料に関するものがある。国立を除く博物館の登録事務は、都道府県等教育委員会が行う自治事務であり、施行規則に定める規定は、各教育委員会が基準を定めるために参考とする参酌基準であるものの、法で定める博物館が備えるべき内容として、資料の収集管理の方針や目録の作成による資料管理とその活用体制の整備を求めている。

　また、こうした博物館の活動や業務を中心的に担う専門的職員は学芸員である。その養成課程における履修科目については、2009 年の博物館法施行規則の改正で 9 科目 19 単位に改められた。その際に示された『学芸員の充実方策について』[19] では、別紙 2「大学における学芸員養成科目の改善」において各科目のねらいと内容が示されている。今般の法改正に合わせ、この内容についての見直し検討が文化審議会博物館部会で進められ、2024 年 6 月 25 日に「学芸員養成課程の科目のねらいと内容及び博物館実習ガイドラインの改訂について（通知）」（6 文企調第 23 号）として示された[20]。「博物館資料論」科目の内容として、「長期的視野に立ったコレクション管理」、「デジタル・アーカイブの構築と資料情報管理」等が盛り込まれ、博物館活動の基盤となるコレクションを形成し、活用・発信していく学芸員としての学修が期待されている。

まとめにかえて

　収蔵庫の満杯状態は、長年の博物館の収集活動の成果と表裏の関係を成すものであり、世界中の博物館が同じ問題に直面している。博物館にとって宿命的なこの問題は、いま起こったものではなく設置時から始まっている。収蔵庫に余裕のあるうちは、この問題から目を背け、コレクションの数を増やし充実させることだけを考えておくことができた。集めた資料を永久に収集保管するという理想と理念に基づいた「正しい博物館活動」ができていた。しかし、開館から数十年が過ぎ、いよいよ収蔵庫が満杯状態になったいま、その問題から目を背けることができなくなった。それは痛みを伴うことだが、Permanent Institution として収集保管を含むこれからの博物館活動を考え

たときには避けることができない。20世紀の末からアメリカやイギリスにおいて収集方針の策定や資料の処分までを含む Collection Management の議論が進められたように、我が国においても真摯な検討を進めるべきタイミングに来ている。

改めて言うまでもなく、博物館の活動基盤はその資料にある。文化の次世代への継承という保護的側面からも博物館における収集保管の意義については論を俟たない。しかし、日々歴史が紡がれ、新しい表現が生み出されるなかで、収集の対象となるものは経時的に増加していく。また、博物館の役割の多様化、高度化は、資料としての収集対象の多様化や拡大ももたらしている（中尾 2024）。もちろん、多様で豊富なコレクションを社会で有し、未来に伝えていくことは望ましいことではある。しかし、収蔵庫を増やし続けることには限界がある以上、特効薬的な解決策など存在せず、資料の増加による活動の充実と収蔵スペースの不足という相克に向き合い続けるしかない。すでに述べてきたように、現状での対応は、資料の収集と保管の意義の社会との共有という「外向きの活動」、コレクション充実のためのコレクション管理という「内向きの活動」ということになる。この先も増え続ける資料を考えると、すべてを残すべきだという正しいだけの理念では、コレクションの体系的な整理や充実は図れないし、館外にある地域資料が廃棄される状況に目をつぶり続けなくてはならない。処分（すなわち廃棄を示すものではない）のための検討や価値判断は重いものになることは間違いないが、直面する問題への対応と博物館の在り方を検討するのは、やはり現場であり、その中心的な役割を果たすのは博物館の専門的職員としての学芸員にあるはずだ[21]。それを他に委ねれば、専門性や学術性を背景としない不十分な処分が行われるリスクはむしろ大きくなる。

他方、博物館の設置目的や使命は、資料の収集のみをもって達成されるわけではない。資料の収集保管は、博物館の活動基盤を形成するための手段であり、専門性や調査研究に基づいた適切かつ多様な活用（展示や教育普及、文化観光やその他の活動）によって、博物館の使命を達成することこそが目的である。それによってこそ、博物館とその資料の価値が社会に共有される。自治体は住民自治の場であり、収蔵庫問題が政策や行政の大きな課題として認識されるには、多くの住民がその価値や意義を共有する必要がある（将来へ

第4章　コレクション管理と社会的価値の共有

の遺贈価値等の非利用価値も含めて）。改正博物館法や ICOM 定義に見るように、多様化、高度化する博物館の役割を果たしていくには、広い視野と長期的観点に立った政策的思考が必要になる。収蔵庫問題も含め、パラダイムに囚われることなく現状を変え、より良い未来をどう創っていくのか。真摯な検討と取り組みが求められよう。そしてそれは、地域における博物館の充実と振興の実現に繋がってゆくと考えている。

註

(1) ICCROM と UNESCO が 2011 年に行った国際的な収蔵庫調査においても、3 館に 2 館の割合でスペースの不足が挙げられており、海外においても同様の状況があることが窺える。ICCROM-UNESCO 2011　International Storage Survey Summary of results　https://www.iccrom.org/sites/default/files/ICCROM-UNESCO%20International%20Storage%20Survey%202011_en.pdf（2024 年 4 月 29 日閲覧）
また、ICOM が 2024 年 5 月に発表した調査（Museum Storage around the World）のデータでは、ほとんどすべての博物館が収蔵施設の開発に苦労していると報告しており、約 3 分の 1 の博物館がスペースが足りなくなったと答えている。https://icom.museum/wp-content/uploads/2024/05/Report_ICOM-STORAGE_EN_Final.pdf（2024 年 5 月 27 日確閲覧）

(2) 総務省「令和 3 版版地方財政白書 第 1 部 4 地方経費の内容」（令和元年決算分）　https://www.soumu.go.jp/menu_seisaku/hakusyo/chihou/r03data/2021data/r03czb01-04.html（2024 年 6 月 16 日閲覧）

(3) 例えば、新型コロナ感染症の拡大下（コロナ禍）において行われた、マスクやチラシなど、廃棄されていく現代資料の収集と展示など（五月女 2022、持田 2023）。浦幌町立博物館の持田は、全国での多様な実践と研究を引きながら、博物館の収集と保存による歴史資料の継承の意味と価値を改めて問いかけている。

(4) 埋蔵文化財の収集・保管については、各地で発掘調査を担う「教育委員会」や「埋蔵文化財センター」等の施設で行われることが一般的であり、博物館にはそのなかでも選ばれた資料が収蔵、または展示されることが多い。

(5) 例えば、発掘時に「磨石」などとされてきた石器が、発掘から約 30 年後の質量分析によって、弥生時代の天秤に使われるおもり（分銅）であったことが「再発見」され、弥生時代の日本に高度な計量技術があったことが明らかになった（森本 2012、中尾 2018）。

(6) 開館後は「オープン収蔵庫」という呼称で運用されている。筆者は訪問時（2015 年 7 月）に子供向けの体験スペースである「キッズこうこがく研究所」がオープン収蔵庫に並んで設置されていることにも工夫と意義を感じた。家族連れや子供が休憩したり、楽しい体験を行ったりする場所において、知らず知らず目に入ってくる美しい収蔵庫は、博物館の収蔵機能に対する認識を深め、良いイメージを持ってもらうことに寄与していると思う。もうひとつの事例である「人と自然の博物館」においても新収蔵庫棟でワークショップが開催されている。

(7) 平成 30 年 3 月「宮城県美術館リニューアル基本方針の概要」https://www.pref.miyagi.jp/documents/26549/670543.pdf（2024 年 4 月 29 日閲覧）

(8) 兵庫県立人と自然の博物館の高野は、ガラス壁によって外からの観覧を可能にした「魅せる収蔵庫」では部屋全体の燻蒸ができなくなることを指摘している。また、館外からも資料が見えるようにするためのガラス壁は、断熱効果も遮光効果も低く、展示する標本資料

へのダメージの発生も報告されている（高野 2023、p.25）。

(9) 2024 年 4 月現在、3D データは 54 点ある。https://yoshimoto.kahaku.go.jp/3d/（2024 年 4 月 29 日閲覧）

(10) 博物館と同じ社会教育施設としての図書館においても、書架スペースには限りがあり、博物館と同様の課題がある。そうしたなかで書誌情報をデジタル化し、利用者端末等で開架、閉架を問わずに図書利用できるようにしていることには学ぶべき点があると考える。

(11) こうした自治体における文化施設建設の進展には、1988 年の「ふるさと創生事業」を契機とした地方債のインセンティブ付与や、日米構造協議を背景とした公共投資の拡大があることが指摘される（岡本 2008）。

(12) 地方分権化の流れのなかで自治体への財源と権限の移転が行われ、自治体の業務の多くは「機関委任事務」から「自治事務」に切り替わった。社会教育施設整備補助金は 1998 年（平成 10）度から地方交付税化され、自治体の一般財源となっている。

(13) イギリスでは大英博物館、V&A、科学博物館の国立 3 館が共同収蔵庫を利用する例が、デンマークでは 16 のミュージアムと文書館の共同収蔵庫が設置されているという（財団法人地域創造 2009、pp.72-73）。

(14) 足立区立郷土博物館の多田文夫は、市町村立の博物館で地域資料の寄贈が受け入れられない状態について「館の内外の区別をせずに資料保存という観点で見た場合、（中略）単に廃棄の任を所有者に押しつけているだけているだけではないか」と述懐する（多田 2023、p.15）

(15) 京都文化博物館では、明治以降の番組小学校や旧制中学校など、豊かな歴史性を背景として学校で収集され保管された「学校所在資料」の価値を掘り起こし、「京都府内の学校所在資料展」として紹介するとともに、デジタル・アーカイブとして記録化する取り組を進めている（村野編 2020、村野 2023）。また、2019 年 12 月の『博物館研究』では「学校所蔵標本」の所蔵の経緯から学術資料としての意義、博学連携の可能性など、多様な視点から論じられている（日本博物館協会 2019）。本稿執筆中には、長野県の諏訪二葉高校で長年にわたって使用されることなく保管されていた鳥類標本のなかに、トキなどの貴重な種が含まれていることがわかった。こうした学校の標本資料がその価値を確認されることなく廃棄される実態もあり、研究者から課題提起がなされている。https://news.yahoo.co.jp/articles/931fa-52603f1e4a56312ac5f9d97f8066a2db14f（2024 年 7 月 28 日閲覧）

(16) 本稿の執筆中に奈良県立民俗博物館の所蔵資料に関して、廃棄も視野に入れた知事の発言が耳目を集めた。ネット上などでは知事発言に対して批判的な意見が集まり、日本民具学会は「安易な一括廃棄」に懸念を表明する声明を出すことになった。一方で、後日取材に答えた博物館職員からは、民俗資料の寄贈や寄託に対して体系的な整理が行われず、未整理状態の資料が放置されてきた問題が昭和 50 年代から認識されていたこと、その対応に 2020 年以降に勤務した学芸員が当たっていることなどが語られている。

「維新による文化軽視」と批判もあるが実情は…“博物館の収蔵品廃棄”の知事発言うけ館側が明かす（msn.com）（2024 年 7 月 28 日閲覧）

(17) 1951 年（昭和 26）に制定された博物館法は、1955 年に改正され、文系学芸員と自然系学芸員の統合や「博物館に相当する施設」の指定が盛り込まれた。その後、周辺法の改正に伴う形で約 20 次にわたる改正（いわゆるハネ改正）が行われているが、単独での法改正は約 70 年ぶりとなる。

(18) 2015 年のユネスコによる「ミュージアムとコレクションの保存活用、その多様性と社会における役割に関する勧告」においては、「電子化が、コレクションの保全に取って代わるものと見なされることがあってはならない。」と明言されている。https://www.j-muse.

第 4 章　コレクション管理と社会的価値の共有

or.jp/02program/pdf/UNESCO_RECOMMENDATION_JPN.pdf（2024 年 4 月 29 日閲覧）

(19)　これからの博物館の在り方に関する検討協力者会議 2009『学芸員養成の充実方策について「これからの博物館の在り方に関する検討協力者会議」第 2 次報告書』

(20)　文化審議会第 5 期博物館部会「大学における学芸員養成課程の科目のねらいと内容について」（令和 6 年 3 月 25 日）https://www.bunka.go.jp/seisaku/bijutsukan_hakubutsukan/shinko/about/94070201.html（2024 年 7 月 28 日閲覧）

(21)　開発等に伴う発掘調査によって地中から発見される埋蔵文化財（いわゆる土器や石器などの考古資料）は、調査の件数に比例して累積的に増加するため、その取扱いが早くから議論されている。1997 年（平成 9）に「埋蔵文化財発掘調査体制等の整備充実に関する調査研究委員会」が提出した『出土品の取扱いについて（報告）』においては、「出土品のすべてをそのまま将来にわたり保管・管理していくことは、出土品の適正な保管・活用を図る観点からも適切ではない」としたうえで、「将来にわたり保存・活用すべき出土品の選択」の必要性を示している。十分な検討と協議を前提としているとはいえ、発掘現場から持ち帰る出土品だけでなく、すでに収蔵・保管されているものまでを「選択」の対象とする本報告の発出当時、筆者も現場担当者として驚きと戸惑い、そして反発を感じたのは事実である。しかしながら、調査のたびに増える遺物の保管場所が不足し、うずたかく積みあがった遺物コンテナにより、その管理どころか活用もできない状況が見られるなかで、徐々に理解と納得を深めていったことを覚えている。

引用・参考文献

岡本全勝　2008「基調講演 地方分権時代における博物館行政―行財政から見た博物館―」『日本ミュージアム・マネージメント学会会報』No.47 Vol.12 No.4

金山喜昭　2022a「序章 コレクション管理の考え方と方法」『博物館とコレクション管理―ポスト・コロナ時代の資料の保管と活用―』雄山閣、p.10

金山喜昭　2022b「イギリスにおける収蔵資料の処分」『博物館とコレクション管理―ポスト・コロナ時代の資料の保管と活用―』雄山閣、pp.122-123

これからの博物館の在り方に関する検討協力者会議　2009『学芸員養成の充実方策について「これからの博物館の在り方に関する検討協力者会議」第 2 次報告書』

財団法人地域創造　2009『これからの公立美術館のあり方についての調査・研究報告書』

五月女賢司　2022「コロナ禍の現代人対象の小さな新型コロナ展」『博物館研究』57-3（No.646）、日本博物館協会、pp.33-36

高野温子　2023「新収蔵庫コレクショナリウムの紹介」『博物館研究』Vol.58No.12（No.667）、日本博物館協会、pp.22-25

多田文夫　2023「資料のトリアージ―外部倉庫の利用と博物館資料の除籍」『博物館研究』Vol.58No.12（No.667）、日本博物館協会、pp.13-17

鳥取県立博物館　2023『鳥取県立博物館 年報』No.51、p.1

中尾智行　2018「弥生時代の計量技術―畿内の天秤権―」『考古学研究』第 65 巻第 2 号（通巻258 号）、考古学研究会、pp.70-91

中尾智行　2022「博物館のデジタル化：公共化と価値共創」『奈良文化財研究所研究報告：デジタル技術による文化財情報の記録と利活用 4』、pp.41-46

中尾智行　2024「総論 改正博物館法と博物館資料の新概念」『拡大する文化財・文化遺産：博物館資料新論』雄山閣、pp.7-25

日本博物館協会　2019『博物館研究』特集「学校所蔵標本のこれまでとこれから」

埋蔵文化財発掘調査体制等の整備充実に関する調査研究委員会　1997『出土品の取扱いについ

て（報告）』

松見裕二　2010「壱岐発"魅せる収蔵庫"を実現する」『PASSION』vol.32 NOVEMBER 2010、
　　金剛株式会社、pp.23-24

村野正景編　2020『学校の文化資源の「創造」―京都府立鴨沂高等学校所在資料の発見と活用
　　Ｉ―』学校資料研究会・京都府立鴨沂高等学校京都文化科

村野正景　2023「京都の学校博物館の「特別公開」―「京都府内の学校所在資料展２」の記録を
　　兼ねて―」『朱雀 京都文化博物館研究紀要』35、pp.13-31

持田　誠　2023「地域博物館におけるコロナ関係資料の収集―北海道浦幌町立博物館の試み―」
　　『「非常時」の記録保存と記憶化』地方史研究協議会、pp.245-269

森本　晋　2012「弥生時代の分銅」『考古学研究』第59巻第３号（通巻235号）、考古学研究会

第5章
国内外のコレクション管理の動向

コレクションと社会をつなぐ
―イギリスの博物館の取組み―

竹内有理

はじめに

　収蔵庫問題に今、改めて関心が向けられている。収蔵庫が資料で溢れかえり、飽和状態になっている状況は、今に始まった話ではなく、何十年も続いてきた（放置されてきた）問題であったといえる。社会の目に触れやすい展示や教育活動への関心に比べて、博物館の舞台裏である収蔵庫の問題については、博物館業界や関係学会でも、これまで正面から取り上げられることは少なかった[1]。収蔵庫問題を含む、博物館のコレクション管理は、利用者の目には触れにくい活動であり、直接集客に結び付く活動ではないため、どちらかというと軽視されてきたように思う。

　公立の博物館の場合、行政評価の一環として博物館の評価が行われる。その評価指標の中で、入館者数や展覧会の実績、教育普及活動の種類や回数、参加者数、利用者の満足度は取り上げられるが、コレクション管理の状況については、取り上げられていないケースが少なくない。利用者の視点から見た評価はもちろん重要であるが、博物館の役割はそれだけではない。コレクションの管理は、博物館の根幹ともいえる重要な活動であるにも拘わらず、それらの業務の重要性について行政の側も十分に理解していないことの表れである。それどころか、収蔵庫が満杯になる状況に対して、短絡的に「処分」を促すケースすらある[2]。

　集客力の向上は、どの博物館にとっても大きな課題であるが、それらが重要視されるあまり、現場の学芸員も集客に直接結びつかないコレクショ

88

ンの管理業務が二の次になってしまっているのが現状ではないだろうか。

公立博物館を対象にしたアンケート調査結果においても、それを裏づける興味深い結果が明らかになった[3]。調査結果によれば、収蔵資料のうち未整理資料が「ある」と答えた館が 75.1%、そのうち 50.5% の館が未整理資料が収蔵資料の 20% 未満あると答え、50% 以上あると答えた館が 13.9% あった。未整理資料があるということは、それらがどのような資料なのか、何点あるのか把握できていないことを意味している。「収蔵資料の総点数・総件数の回答は、正確に把握できていない館が多くみられた」という本報告書の記述も収蔵資料の全貌が把握できていないことを示している。

さらに、日本の博物館におけるデジタル化の遅れについても指摘したい。これだけ DX 化が進んでいる現代社会において、収蔵品管理システムを使っていると答えた館は 68.2% に留まった。収蔵資料のうちデジタル化して公開している資料の割合は 10% 未満が最も多く、回答のあった館の 67.3% に及んだ。また、コレクションの管理と公開が十分に行われていない理由として、それを行う人と予算の不足を挙げる声が最も多かった。

本書の発行のきっかけとなった科研費研究とシンポジウムでは、収蔵庫問題が焦点の一つになっているが、筆者は収蔵庫問題はコレクション管理の問題と表裏一体の関係にあると考えている。コレクション管理の課題を解決することなくして、収蔵庫問題は解決しない。もっと言えば、収蔵庫問題を考えることは、自館のコレクションとどう向き合うかを考えることであり、それは死蔵されているコレクションに新たな光を当て、活かしていく社会とコレクションをつなぐ営みでもある。本稿では、そのような視点に立ち、イギリスの博物館におけるコレクションをめぐる取組みを紹介しながら、今後の日本の博物館における収蔵庫問題の課題解決の方法を考えるヒントを探りたい[4]。

1　コレクションに関わるイギリスの博物館施策

イギリスで最初の博物館は、1683 年に開館したアシュモリアン博物館といわれている。その後、1753 年には世界初の国立博物館である大英博物館が開館した。1845 年には博物館法（The Museums Act）が制定され、規模の大きな地方自治体に博物館を設立する権限が与えられた。19 世紀以降の大

英帝国時代、近代の教育的・文化的装置として博物館が相次いで設立され、それを支える制度も整備されていった。

そのような中で生まれたのが1889年に設立された博物館協会である。博物館の専門組織としては世界で最初の団体である。以降、今日に至るまで、イギリスの博物館協会は民間非営利セクターの専門組織として、イギリスの博物館を様々な側面から支援し、その質の向上と博物館コミュニティの形成に大きく貢献してきた[5]。

博物館や博物館職員の行動規範を定めた倫理規定が1977年に発行され、その後、何度か改定を重ね今日に至っている[6]。倫理規定に関わるもので、コレクションに関連したものとしては、2023年にリリースされた「倫理的に移管、リユース、処分を行うためのツールキット」がある[7]。これは2009年にリリースされた「処分のためのツールキット：博物館のためのガイドライン」の改訂版として出されたものである。近年の収蔵庫問題やコレクションの処分に対する関心の高まりを受けて出されたものである。

さらに、博物館協会が推進する数々の取組み（キャンペーン）の一つとして発表された「活力を与えるコレクション」には、コレクションの発展と将来に向けた博物館協会の考え方が示されている。コレクションが内包する社会的インパクトや様々な可能性について提言がなされている[8]。

上述した倫理規定を制度として定めているのが、博物館認証制度である[9]。これは国の博物館政策の一環としてアーツカウンシル・イングランドが実施しているもので、一定の基準を満たした博物館に対して認証を与える制度である。2022年2月現在で、約2,500館といわれるイギリスの全博物館の63%にあたる1,574館が認証を受けている。認証制度では、1）組織の健全性、2）コレクション管理、3）利用者と利用者の体験、の三つの側面から求められる基準を定めている。2）コレクション管理については、コレクションの収蔵と拡充、コレクションに関する情報、コレクションの保存と修復の三つの項目で構成されている。

この認証制度の中で、コレクション管理に求められる基準とされているのが、スペクトラム（SPECTRUM）である[10]。スペクトラムとは、博物館のコレクション管理に必要な様々な手順を定めたもので、資料の受入れから登録、ドキュメンテーション、移動の管理等、資料に関するあらゆる情

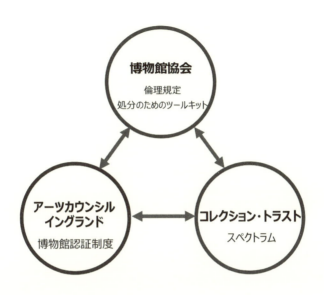

図1　イギリスの博物館振興を支える3つの機関と施策

報を記録し、管理するためのフォーマットを標準化したものである。これを開発したのがアーツカウンシルの支援により運営されているコレクション・トラストである。1977年に発足したMDA（Museum documentation Association）を前身とし、博物館におけるドキュメンテーションに関する普及啓発と支援を行ってきた団体である。現在は、ほとんどの博物館のコレクション管理において、このスペクトラムに基づいた管理が行われていると言っても過言ではない。

図1に示すように、イギリスの博物館の振興を支える基盤として、民間セクターでは博物館協会、政府・公的セクターでは、アーツカウンシル・イングランドとコレクション・トラストがあり、それら三つの機関が相互に補完し合いながら、博物館を支援している体制がつくられている。コレクション管理の課題解決と質の向上において、この三つの機関が果たしている役割は極めて大きい。

2　収蔵庫問題とコレクションの処分に対する関心

　イギリスの博物館界で収蔵庫問題に関心が向けられるようになったのは、2003年に国立博物館館長会議によって出された報告書『モノで溢れている？―博物館における処分―』(*Too much stuff? Disposal from museums*) が一つの契機となったといわれている[11]。コレクションの処分をめぐる議論が起こる中で、コレクションの処分をコレクション管理の一環として位置づけ、適切な判断の下で行う必要があることが提言された。本報告書の執筆者の一人でもあるニック・メリマン氏は、持続可能な博物館運営を維持していく上で、コレクションの処分は避けて通ることができないと警鐘を鳴らしている。

　その後、収蔵庫問題やコレクションの処分をめぐる問題への関心が高まり、前述した博物館協会によるガイドラインの発行につながっていった。2023年には博物館協会の主催でコレクションの処分をテーマにしたシンポジウムが開かれ、関心の高さが改めて浮き彫りになった[12]。

　処分のためのガイドラインを作成した担当者のサラ・ブリッジ氏は、「コレクションの売却が論争となり、学芸員の信用が失われる事態があった。これに対して、処分は個人の判断ではなく、組織の判断で行われるべきものであり、処分の選択は正しいものであることを私たちは伝えたいと思った。処分に対する学芸員の懸念を払しょくするために、このガイドラインを作った」と語っている[13]。

図2　『倫理的に移管、リユース、処分を行うためのツールキット』
　　　（イギリス博物館協会、2023年）

コレクションと社会をつなぐ

　博物館協会が発行している倫理規定の中でも、コレクションの処分に関する問題が取り上げられており、イギリスの博物館界においては、処分の問題がタブー視されたり、否定的に捉えられている状況はあまりない。一方で、前述の倫理規定やガイドラインの中で厳しく禁止されている金銭的な理由を目的としたコレクションの売却が完全になくなったわけではないことを露呈する事件も起きている[14]。博物館職員だけでなく経営層も含めた博物館コミュニティ全体への理解の浸透には、まだ時間を要するようである。

　博物館協会は、「コレクションは適切に管理され、積極的に活用されなくてはならない、そして持続可能でなくてはならない。そのためのコレクションの処分（除籍）は、コレクション管理の一部として日常的なものであり、必要なものである」（博物館協会ウェブサイトより）という考えのもとに、理解を促すための啓発活動を行っている。

　博物館協会のガイドラインでは、処分を決定する際の検討すべき基準として以下を列記している。

　　(1) 博物館の収集方針に合致しない資料
　　(2) 十分に活用できていない資料
　　(3) 損傷し危険を及ぼす恐れがある資料
　　(4) 重複している資料
　　(5) 倫理上問題がある資料

　上記のいずれかの項目に該当する場合は、処分を検討することができるとしている。処分の最終判断は、学芸的な検討を経た上で、組織として下されるべきものであり、現場や個人の判断で行ってはならないとしている。また、処分に至ったプロセスについて記録を残し、透明性を確保することが重要であるとしている。

　そして処分の方法についても、下記の複数の選択肢を提示している。

　　(1) 他の公共機関に寄贈または移管（移譲）する
　　(2) 寄贈者に返却する
　　(3) 公共財として売却する
　　(4) イギリス国外の博物館へ移管（移譲）する
　　(5) 公共財以外の形で売却する

93

（6）リユース／リサイクルする

（7）破壊（廃棄）する

　この中で、「（7）破壊する」は他に選択肢がない場合の最終手段としている。また、収入を得ることを目的とした金銭目的の売却は固く禁じている。

　この中で最も推奨されるのが、「（1）他の公共機関に寄贈または移管（移譲）する」であるが、博物館協会ではウェブサイト上で情報を公開し、コレクションを処分したい博物館とコレクションを求めている博物館のマッチングを行っている。

　コレクションの移管がうまくいった事例として、サイエンスミュージアムで、多くの重複資料があったカメラのコレクションを地域の団体や写真専攻の学科のある大学に寄贈し、有効活用された例などが挙げられている。

　ここで誤解がないように断っておくが、「処分（Disposal）」とは「廃棄」を意味するのではなく、上記に挙げた様々な方法すべてを含む用語として使われている。処分という言葉から連想されるネガティブな印象を避けるとしたら、日本では「除籍」という言葉を用いたほうがよいのかもしれない。

3　コレクションに新たな光を当てる

（1）収蔵庫の新設

　収蔵庫問題の解決策の一つとして、収蔵庫の増築あるいは新設がある。イギリスで進められている二つの大規模プロジェクトについて紹介する。

　すでに収蔵庫対策として、大英博物館、大英自然史博物館、ヴィクトリア・アルバート美術館のコレクションを保管する共同収蔵庫がロンドン市内につくられている。新たに大英博物館が所蔵する考古学資料を中心に、ロンドン近郊の都市、レディングに収蔵庫を建設する計画が進められ、**大英博物館考古学リサーチコレクション（BM_ARC）**として 2024 年 6 月にオープンした。BM_ARC は、レディング大学が所有するサイエンスパーク内の 15,500㎡ の敷地に、同大学との連携プロジェクトとして運営されている。収蔵庫機能と保存修復機能、調査研究機能を併せ持った施設として、学生や研究者、一般の利用者に開放され、コレクションへのアクセスの機会を提供し、コレクションの魅力を高めるための施設になることが期待されている。

一方、このプロジェクトの建設費の多くがイギリスの大手石油会社 BP から提供されていることに対し、国際社会がめざしている脱炭素社会の実現と逆行する事業を行っている企業との癒着を疑問視する声もあり、今後の行方が注目される[15]。

もう一つの巨大プロジェクトが、ヴィクトリア・アルバート美術館がロンドン市内のロンドンオリンピック会場跡地のクイーン・エリザベス・オリンピック・パークの16,000㎡の敷地内に建設を進めているV&Aイースト・ストアハウスである。25万点の資料と35万点の図書資料、1千点の文書資料を収蔵する保管庫としての機能だけでなく、保存修復機能も備えている。見せる収蔵庫の形態を取っており、一般利用者に開放され、博物館のコレクションの収集・保管、展示の機能を、様々なワークショップやイベントを通じて発信していくことをねらいとしている。特に、コレクションと地域コミュニティや若者をつなぐプログラムの開発に力を入れるなど、これまでにない新たな博物館活動の展開が期待されている[16]。

(2) 収蔵庫の公開

コレクションと社会をつなぐコレクションの活用方法として、収蔵庫を公開する「見せる収蔵庫」や収蔵庫の見学ツアーがある。前述のV&Aは1990年代にすでに見せる収蔵庫（visible storage）を設けており、この分野のパイオニア的存在でもある。

図3　大英自然史博物館ダーウィンセンター

第5章　国内外のコレクション管理の動向

　2009年には**大英自然史博物館**に**ダーウィンセンター**がオープンし博物館の収集・保管・研究機能を来館者に伝える施設として注目された（図3）。

　このダーウィンセンターでは、液浸標本を保管している施設を見学できる45分間のバックヤードツアーを毎日実施している（大人25ポンド）。ツアーの案内役は訓練されたエデュケーターで、その知識の豊富さとコミュニケーション力には圧倒されるものがあった。

　ロンドン市内にある**王立グリニッジ博物館**には、本館から5kmほど離れた場所に**プリンス・フィリップ・コレクションセンター**という収蔵機能と保存修復機能を備えた施設がある。ここでもキュレーターや保存修復家によるスペシャリストツアー（大人20ポンド）や修復家チームによるバックヤードツアー（大人16ポンド）が行われている。修復担当スタッフが保存修復作業を実演しながら解説する動画をウェブサイトで公開するなど、コレクションの保存や保管という博物館の役割を積極的に伝えることに力を入れていることがわかる。

　ロンドン交通博物館にも本館から15kmほど離れた場所にミュージアムデポというコレクションの保存公開施設がある。鉄道に関わるデザインやアート、ポスター、交通の歴史など、様々なテーマで見学ツアーを行うほか、子どもが楽しめる家族向けのツアーやイベントを行っている。

図4　バーミンガム博物館コレクションセンター（田中裕二氏撮影）

イングランド中部にあるバーミンガム博物館には、約100万点のコレクションを保管するコレクションセンターという収蔵施設があり、事前予約制で毎週金曜日の午後と4月と9月の土曜日に公開日を設け、一般に公開している（図4）。同館のウェブサイトではコレクションセンターに保管されているコレクションをスタッフが紹介する動画も公開されており、収蔵庫の公開に積極的に取組んでいる様子が伝わってくる。

上記の事例から、展示機能と同じくらい、あるいはそれ以上に、収蔵庫やコレクションの保存管理という博物館機能の舞台裏に光を当て、それらの機能の重要性を社会に向けて発信しようとする博物館の強い意思を感じることができる。

（3）コレクションの教育的活用

次に、コレクションの処分の方法の一つであるリユース、リサイクルについて考えてみたい。リユース、リサイクルの例として教育目的での活用がある。現状を維持し、劣化を防ぐことがコレクションの保存管理の基本であるが、利用目的を変えることにより、劣化や破損の心配をせずに資料を活用することができる。そのようにしてコレクションを活用している例として、**ホーニマン博物館**の「触れるコレクション」（handling collection）について紹介したい。

ホーニマン博物館は、ロンドン郊外に位置し、1890年に自宅を開放してオープンしたサリー・ハウス博物館を前身とし、現在の地に1901年にオープンした私立博物館である。コレクションは世界各地から収集した自然史、民族誌コレクションが中心で、中でも楽器コレクションは質量とも充実している。同博物館では教育活動や地域コミュニティとの連携に熱心に取組んでおり、3,700点以上

図5　楽器コレクションを使ったハンズオン体験（ホーニマン博物館）

のコレクションを「触れるコレクション」として登録し、様々な教育活動に活用している。常設展示室内では、ボランティアが運営するコレクションを使ったハンズオン体験が毎日行われているほか（図5）、学校や子ども向けのワークショップを行うハンズオンベースという触れるコレクションを使って様々な体験ができる施設も設けられている。

　また、楽器コレクションを使って、音楽家が昔の楽器を用いて演奏したり、ミュージシャン・イン・レジデンスという活動では、2年間の契約で音楽家に楽器コレクションを自由に使える権利を与え、作曲活動や博物館での音楽イベントを実施してもらうユニークな取組みも行っている。

　利用目的を変えることで、あまり活用されていないコレクションにも新たな役割が与えられることをホーニマンの事例はよく示している。これもコレクションと社会をつなぐ一つの方法であるといえる。

4　コレクション問題の解決に向けて

　冒頭で述べたように多くの博物館で未整理資料が存在し、点数や全体像を把握できていない実情が確認された。日本の博物館でコレクションの管理が十分になされていない状況と資料で溢れかえりスペースが確保できない収蔵庫問題とは、密接に関係していると筆者は考えている。このような事態を改善するために、コレクションの収集と管理に関する明文化された方針と計画の作成が急務である。公立博物館においては、要綱や規程という形で、資料の収集方針や取扱いについて定めている例が多いが、調査結果ではそれらの文書が「すべてある」と答えたのがわずか1.6%、「一部ある」と答えたのが56.9% に留まった。

　イギリスの博物館では、前述した博物館認証制度においても、コレクションポリシーと計画を作成することが認証を受ける要件となっている。それらには、1) コレクションの拡充（受入れと処分を含む）、2) コレクションの情報、3) コレクションへのアクセス、4) コレクションの修復、に関するものが含まれていなくてはならない。そして、それぞれの項目に対して方針と計画と手順が示され、定期的に見直しを行うことが求められている。このような明文化された文書があれば、組織全体に共有され、コレクションの受入れや管理における恣意的な判断や対応の属人化を避けることができる。

コレクションと社会をつなぐ

図6　コレクションの様々な活用のあり方

　博物館には資料の収集という重要な機能があるので、将来にわたって資料が増え続けることは必至であるが、明確な収集方針や収集基準があれば、不必要な資料の受入れを防ぐことができる。また、既存の資料については、収集方針に合致しないものは、処分も含めて他の活用方法を検討してもよいのではないか。

　日本では処分＝廃棄と捉えられがちなのか、コレクションの処分を否定的に捉え、タブー視する雰囲気が少なからずある。そこで思考停止するのではなく、コレクションの新たな活用の仕方を考え、社会に活かしていく方法を前向きに考えていくべきではないだろうか。他に必要とする博物館や教育機関等があれば、それらの機関に資料を移管・譲渡することも考えられる。自館に置いておく場合は、教育や研究活動に用いるなど、展示以外の方法を積極的に検討してもよいのではないか。コレクションのデジタル化と公開により、教育や研究活動に役立てることもできる。収蔵庫を公開することもコレクションの有効な活用方法の一つであることはすでに見てきた。図6に示したように、これまで、展示に活用できるか否かがコレクションの活用の判断基準になることが多かったが、展示以外の方法でも活用・展開することにより、コレクションを社会にとって有用なものとすることができ、それはコレクションの社会的価値を高めることにもつながる。

　このように考えると、収蔵庫問題の解決は、それ自体で解決できる問題ではなく、コレクションの収集・管理に関わる方針と計画の作成、実際のコレクションの管理（物理的な管理と情報の管理）、そしてコレクションの活用

99

第5章　国内外のコレクション管理の動向

の三つを総合的に捉え、対応していくことによりはじめて有効な解決策を見いだせるのではないだろうか。

註

(1) 平成9年に埋蔵文化財発掘調査体制等の整備充実に関する調査研究委員会によって出された報告書『出土品の取扱いについて』では、今後増え続ける出土品の取扱いについて、(1) 将来にわたり保存・活用を要する出土品の選択のあり方、(2) 出土品の合理的な保管・管理のあり方、(3) 出土品の活用のあり方について検討し、提言がまとめられている。資料の管理の問題を取り上げた早期の事例として挙げられる。最近の事例では、金山喜昭編著『博物館とコレクション管理―ポスト・コロナ時代の資料の保管と活用―』(雄山閣 2022年) などがある。

(2) 2024年7月、奈良県立民俗博物館で山下真知事が収蔵品の廃棄に言及したことが話題となった。これに対して日本民具学会は声明を発表し、「短期的な収支のみに注目して安易に捨て去ろうとすることは、民具だけの問題に留まらず、博物館や学問の理念そのものを脅かす行為」と主張している。

(3) 法政大学・金山喜昭・石川貴敏編 2024『博物館収蔵資料の保管と活用に向けた調査研究（公立博物館アンケート調査結果）報告書』(日本学術振興会科学研究費助成事業基盤研究 (C) 研究代表者金山喜昭)

(4) 筆者は、科研費基盤研究「博物館収蔵資料の保管と活用に向けた調査研究」(研究代表者：金山喜昭) の一環で、2023年8月にイギリスを訪問し、イギリスの博物館におけるコレクション管理と活用に関する調査を行った。本稿はその成果を踏まえたものである。

(5) Museums Association (https://www.museumsassociation.org/) (2024年7月31日閲覧)

(6) Code of Ethics for Museums (https://www.museumsassociation.org/campaigns/ethics/code-of-ethics/) (2024年7月31日閲覧)
2024年に改訂版がリリースされる予定となっている。

(7) Off the Shelf: A Toolkit for Ethical Transfer, Reuse and Disposal (https://www.museumsassociation.org/campaigns/ethics/disposal/) (2024年7月31日閲覧)

(8) Empowering Collections (https://www.museumsassociation.org/campaigns/collections/empowering-collections/) (2024年7月31日閲覧)

(9) UK Museum Accreditation Scheme (https://www.artscouncil.org.uk/supporting-arts-museums-and-libraries/uk-museum-accreditation-scheme) (2024年7月31日閲覧) 1988年に博物館登録制度として始まり、2004年に現在の名称となった。改定を重ねながら、博物館を所管する省庁や組織の変更に伴い実施主体も変わってきている。なお、認証を受けてから5年毎に再審査が求められている。

(10) SPECTRUM (https://collectionstrust.org.uk/spectrum/) (2024年7月31日閲覧)

(11) National Museum Directors' Conference, 2003, *Too much stuff? Disposal from museums* (https://www.nationalmuseums.org.uk/media/documents/publications/too_much_stuff.pdf) (2024年7月31日閲覧)

(12) 2023年8月15日に筆者が行ったサラ・ブリッジ氏（博物館協会コレクションディベロップメント担当官）へのインタビューより。

(13) 同掲インタビューより。

(14) 2023年8月、大英博物館で職員によるコレクションの盗難事件が発覚した。2,000点以上に及ぶコレクションが紛失し、コレクション管理の杜撰さが指摘され、館長が責任を取り

辞任することとなった。

（15）美術手帖「大英博物館が開かれた収蔵庫をオープン。資金面で疑問視の声も」（2024 年 7 月 18 日）（https://bijutsutecho.com/magazine/news/headline/29256）（2024 年 7 月 31 日閲覧）

（16）V&A ウェブサイト（https://www.vam.ac.uk/info/va-east）（2024 年 7 月 31 日閲覧）

自然史系コレクションの
収蔵問題と国際的な動向

栗原祐司

はじめに

　国立科学博物館では、コロナ禍による入館料収入の減少や光熱費、資材費、人件費の高騰によって財政難に陥り、2023（令和5）年8月7日から11月5日の約3か月間にわたって目標金額1億円のクラウドファンディングを実施した。その結果、開始後わずか9時間で目標を達成し、最終的に支援総額・支援者数ともに国内クラウドファンディング史上最高値となる5万6千人以上の方々から約9億2千万円のご支援をいただいた。

　この結果、工事が延期になっていた筑波地区の新しい収蔵庫も無事竣工することができた。同館の登録標本・資料数は500万点以上にのぼり、さらにその数は毎年数万点ずつ増えている。地球環境や社会情勢が大きく変化する現代社会において、過去の蓄積をもとに現在を理解し、自然と人類が共存する未来を見通すためには、その時代の環境や科学技術がそのままに映し取られた標本・資料の存在が不可欠だといえよう。しかも、それらは過去に遡って集めることはできない。DNAの解析技術の進展などにより、従来は解析できなかった古い標本から新たな発見につながることもあるため、様々な時代に、様々な地域で収集された標本・資料は、手にすることができるうちに保管しておくことが、現在のみならず未来の研究にも必要不可欠なのである。

　例えば、これまでヤマイヌの一種として国立科学博物館に収蔵されていた標本を、当時小学4年生だった小森日菜子さんが「これはニホンオオカミではないか」と気づき、調査の結果、2024年2月に正式にニホンオオカミの標本として認定された。絶滅したとされているニホンオオカミの標本は少なく、日本で4体目、世界で6体目となる貴重な存在となる。

1　自然史系コレクションの課題

　膨大な数の標本・資料を万全のコンディションで保つには、適切な収蔵保管環境を整える必要があり、空調設備や標本整理など、維持・管理にも多くの資金を必要とする。そのため、各地域の博物館等では受け入れを断っている例も多い。とりわけ、自然史系博物館は日本の博物館全体の2割に満たず（類似施設含む）、学芸員の非常勤化が進む中で、自然史系を専門とする学芸員の数も少ない。そもそも、2023年4月1日現在、全国291大学等に学芸員養成課程が設けられているが、その多くは考古学・美術史系博物館を中心とするカリキュラムになっており、自然史系博物館向けのカリキュラムを組んでいる大学は少ない状況にある。2008（平成20）年の文部科学省の調査では、学芸員養成課程が開講されている学部などは、人文科学系71.7%に対して、自然科学系はわずか3.9%に過ぎない（平成20年度文部科学省委託事業「大学における学芸員養成課程及び資格取得者の意識調査報告」丹青研究所、2009）。2018年の調査（回答数42）によれば、学芸員課程担当教員の大学での所属は学部学科所属が約8割を占め、史学（36%）、資格センター（19%）、芸術学（7%）、観光学（7%）等、人文系がほとんどで、自然科学系は生活科学（5%）、地球惑星科学（3%）、薬学（2%）など1割に満たない（江水2018）。その結果、学芸員養成課程の中には、理学、工学部等の学生が受講できず、科目等履修生という形で受講せざるを得ない大学もある。同調査によれば、学芸員養成課程を担当する教員の55%が大学の専任教員で21%が現役の学芸員だが、専任教員の多くは博物館資料に関する専門分野の研究者であり、博物館学の研究者は少ない。そもそも博物館学の専任教員が配置されていない大学が多く、非常勤教員が多いというのが実態である。

　自然史系博物館では、国内外の研究者や収集家により集められたものの、研究の終了や退官、逝去等の理由で維持ができなくなったコレクションや、自然災害等で被害を受けたことによる標本・資料の受け入れ要請なども近年増加傾向にある。しかしながら、大学の現場では、『自然史関係大学所蔵標本総覧』（1981）の調査によれば、約2,600万点余の学術標本が国公立大学に保管されていたが、2019年の追跡調査の結果、岩石鉱物・古生物系標本だけでも546万点（1980年当時）のうち60%以上が喪失しており、論文に使われ

第5章　国内外のコレクション管理の動向

た標本ですら、65% が不明という状況にあった（堀 2021）。

　今後、この状況が改善される見込みは今のところなく、少なくとも博物館が設置されている大学においては、研究者等が収集したコレクションを引き継いで保存されることが期待されるが、文部科学行政上、大学博物館は文化政策ではなく学術政策の一環として捉えられおり、1996 年 1 月にまとめられた「ユニバーシティ・ミュージアムの設置について」も、学術審議会の分科会の部会の「中間的な」報告であった。その後、審議会等で大学博物館に関する検討が行われたことはなく、2021 年の「博物館法制度の今後の在り方について」（文化審議会答申）や、改正博物館法の施行通知（令和 4 年 4 月 15 日文化庁次長通知）には、大学博物館に関する記述・言及はまったくない。文化審議会博物館部会において十分な議論がなされないまま、法改正によって公私立大学の博物館は登録博物館の対象となり、国立大学の博物館は対象外となった。同部会は、法改正後の 2023 年度は 3 回しか開催しておらず、2024 年度から「文化施設部会」のワーキンググループに格下げとなった。本書のテーマである収蔵庫問題についても、今のところまったく議論がなされていない。日本の博物館政策全体を考えるのであれば、文化庁や文化審議会だけでなく、文部科学省研究振興局や科学技術・学術審議会等とも協働し、組織横断的な大学博物館の在り方に関する議論が必要だと考える。

　このことを 2023 年及び 2024 年に開催された大学博物館等協議会・日本博物科学会において提言したところ、いくつかの国立大学博物館関係者から「そもそも国立大学博物館は、登録博物館となることを望んでいない」とのコメントをいただいた。社会教育施設あるいは文化施設の博物館ではなく、あくまでも学術研究施設としての博物館であることがその理由と思われるが、学術研究施設であれば、なおのこと大学に収蔵されたコレクションを保存・継承する必要性は高いのではないか。どのような位置付けであろうと、収蔵庫不足は共通の課題であり、いかにその財源を求めるかを真剣に考えなければならない。そう考えれば、少子化が進む中、収蔵庫となり得る施設・スペースを確保できる可能性は、大学のほうが高いのではないだろうか。

2 ICOMにおける議論

　今や収蔵庫問題は、コレクションの保存管理や防災・防犯、アクセシビリティ等の観点やその在り方を含め、世界的に議論されるようになっている。

　ICCROM（文化財保存修復研究国際センター）とユネスコが、2011年に136カ国1,490の美術館・博物館に調査を行ったところ、およそ3分の2が収蔵スペース不足であり、2館に1館は収蔵スペースが過密で、保管されているコレクションの60%は適切に管理されていないということがわかった[1]。美術館では70〜80%、科学館では90%、民族学博物館では95%、考古学博物館では96.5%、生物学・地質学博物館では99%のコレクションが展示室ではなく収蔵庫にあるという調査結果もある（Lord et al. 1989）。

　こうした状況下で、2019年9月に開催されたICOM京都大会で「世界中の収蔵庫のコレクションの保護と活用に向けた方策（Measures to safeguard and enhance collections in storage throughout the world）」が大会決議の一つとして採択された。

　また、ICOMでは、機関誌「Museum International」Volume 73（2021年7月発刊）において、Museum Collection Storageについて特集を組み、同年11月にオンラインで開催された第90回ICOM諮問会議では、ICOM-CC（保存国際委員会）のKate Seymour委員長が収蔵庫に関するワーキンググループの設立を提案し、翌2022年にWorking Group on Collections in Storage（WGCS）が発足した（委員長は、元ICOFOM（博物館学国際委員会）委員長のFrançois Mairesse ソルボンヌ（パリ第3大学）教授）。同ワーキング・グループは、世界中の収蔵庫の状況と、今後数年間でどのように進化するかをより深く調査するために2023年4月からアンケート調査を行い、2024年5月に約100カ国の1,000以上の機関から寄せられた回答を報告書にまとめ、公表した[2]。

　調査対象となった博物館は、過去10年間でコレクションが平均して5〜10%増加し、15%は50%の増加を報告し、9%近くが2倍以上になっており、コレクションの減少を報告した機関はほとんどなかった。一方、全体として収蔵庫の状況、特にスペースと設備の不足に関して、かなり深刻な評価を下している。

　いくつかその詳細を紹介すると、全体的に収納スペースの55%がコレク

第5章　国内外のコレクション管理の動向

ションを収納するために特別に設計されており、収蔵庫として設計されていないスペースは、どの地域でもコレクションのニーズを満たしていない。それらは、後に博物館等に改築・改修された建物（城、寺院、工業施設、住居など）であり、収蔵品の一部は保存状態が悪い、あるいは存在しないと定義され建物の外に保管されることもある。また、回答館の79%が、館内に収蔵庫を有しており、一般的には館内の様々な場所に設置されている。博物館の半数弱は、収蔵品保管専用のエリアや部屋が6つ以下で、コレクションが占めるスペースは地域によって大きく異なる。収蔵スペースのほとんどが1階（36%）と地下室（31%）にあるが、2階以上（21%）や屋根裏（12%）にもある。さらに、ほぼ3分の1がスペースを使い果たしたと答え、45%近くが15%程度のスペースが残っていると考えている。必然的に、古い博物館ほど、保管に関する問題が多いようである。

44%の博物館が、敷地外に特別な建物を建設していると回答しているが、これらの建物が収蔵スペースとして設計されていることを意味するものではない。これらの収蔵庫の多くは主要施設からかなり離れており、徒歩で10分未満で行けるのはわずか17%、車で15分未満で行けるのは4分の1（24%）、15〜30分が30%、30分以上が29%という状況にある。

収蔵品調査の原則は、定期的または無作為の監査を通じて行うことが望ましいが、フランスでは法律により10年ごとの目録作成が義務付けられている。調査結果では、20%近くの機関が2年前にこのような評価を実施したことがあると回答しているが、10%以上が実施したことがないと回答し、半数以上が、この作業が「進行中（実施中）」であると回答しており、必ずしも定期的に実施されていない状況が垣間見える。

保管スペースの状態は、大多数の博物館でかなり悪いと判断され、特に備品の不足が指摘されている。60%近くの博物館が移動式の棚やパレット（荷役台）、ラック、キャビネット等が不足している。また、40%強がすべての収蔵品が適切な保管什器に収められていないことを認めている。

なお、この調査結果は、前述の2011年にICCROMが行った調査と同様であり、2館に1館が保管庫不足で、3館に2館がスペース不足、3館に2館が収蔵庫の不足に悩んでいることがわかった。また、5館に2館は、その種の収蔵品に適さない収蔵庫を所有していた。

106

半数以上（55%）が、研究者や一般市民が保管スペースを利用できるように
しているが、ほぼ3分の1の機関（特に大規模な機関）は、利用を保証しておらず、
一般市民にとってのアクセシビリティは、依然としてかなり限定的である。
また、このようなサービスを提供できると回答した博物館は、全体の5%に
過ぎない。博物館によっては収蔵品の一部を常設展示に組み込むことで、収
蔵品へのアクセスの問題を解決している博物館もあるが、この解決策を部分
的に選択した博物館は12%程度であり、最新の博物館に多く見られる。逆に
言えば、古くからある博物館は、このようなソリューションを選択する可能
性が最も低いという結果となっている。

3　博物館政策としての収蔵庫整備の重要性

欧米の大規模博物館では、既に作品の「民主化（democratization）」と呼ぶ「見
せる収蔵庫（Show storage）」を建築するようになっているが、これは日本でも
同様であり、収蔵庫の定義や概念が変わりつつある。収蔵庫が文化遺産の保
存に不可欠な役割を果たし、一般市民の関心を集める能力があるにもかかわ
らず、政策立案者や遺産部門の関係者、学芸員、研究者は、主に展示スペー
スに焦点を当て続けているため、博物館の収蔵・保管スペースに関する研究
は、海外でも比較的十分に行われていないのが現状である。持続可能な博物
館運営を行うために、今まさにICOMでそのための議論が始まっているとい
えるだろう。

こうした議論は、近年の地球温暖化や、多発する自然災害、テロや紛争
等による被災と無関係ではない。博物館の収蔵庫は、展示の合間に置かれ
る遊休場所ではなく、コレクションの保存に積極的な役割を果たすための
不可欠な空間として、また、収蔵品の利用がより明確に定義され、慎重に
管理され、保管スペースがより頻繁に公開される場所として構成されるよう
になっている。

日本でも、既に展示室そのものを収蔵庫内に取り込み、ガラス壁で仕切っ
た宮崎市生目の杜遊古館（宮崎市埋蔵文化財センター）（2009年開館）や、収蔵庫
をガラス張りにして「観察壁」とした壱岐市立一支国博物館（2010年開館）、
収蔵庫や出土品整理の様子を見ることができるバックヤード見学デッキを設
けた兵庫県立考古博物館（2007年開館）や三内丸山遺跡センター縄文時遊館

（2022年開館）等の例がある。最近では、兵庫県立人と自然の博物館が2022年に展示ギャラリーや作業の様子を見学できる標本制作室等を併設した「コレクショナリウム」を開設し、宮城県美術館でも既存の県民ギャラリーを改修し、「見える収蔵庫」を計画している（2025年リニューアルオープン予定）。

海外では、アメリカのスミソニアン国立自然史博物館は、コレクションの保管、保存、研究のニーズに対応するため、1983年にメリーランド州スイトランドに「博物館サポートセンター（Museum Support Center）」を設置している（予約制一般公開）。

最近の例では、ロッテルダムのボイマンス・ヴァン・ベーニンゲン美術館が、2021年に隣接地に見せる収蔵庫「デポ・ボイマンス・ファン・ベーニンゲン（Depot Boijmans Van Beuningen）」を設置した。また、大英博物館は、バークシャー州のシンフィールドに考古学関係資料を中心とする公開型の収蔵庫「考古学リサーチコレクション（Archaeological Research Collection）」を2024年6月に開設した。ヴィクトリア＆アルバート博物館も、ロンドンオリンピック会場跡地のクイーン・エリザベス・オリンピック・パーク内にV&A イースト・ストアハウス（East Storehouse）を建築中で、2025年に開館予定である。韓国でも2〜4階が「見せる収蔵庫」となっている国立現代美術館清州が2018年に開館し、2020年には国立民俗博物館が、京畿道坡州ヘイリ文化芸術村の近くに「開放型収蔵庫及び情報センター」を設置した。

このように、博物館政策の一環として、収蔵庫の課題が国際的に一層重要な検討事項になっていることを、設置者を含む博物館関係者は強く認識する必要がある。日本国内では、かつて1970年代には、安宅コレクションの散逸の危機を背景として、「国立美術庫」という構想が企画されたり、米軍から返還された土地を活用して国立博物館等の収蔵庫を建設する構想もあったが、いずれも実現していない。国立科学博物館でも、自然史標本棟に見学スペースを設けているが、国際的な潮流である「見せる収蔵庫」からは程遠い。前節で述べたとおり、文化審議会では、収蔵庫不足の課題は設置者が解決すべきものとしてまったく議論がなされていない。国が中核都市等に博物館の共同収蔵庫を設置するための補助金を新設したり、税制優遇措置を講じるなどの思い切った施策を講じることはできないものだろうか。あるいは、官民連携により輸送会社等の倉庫を活用するなどの施策を

検討することはできないものだろうか。

　スペースを確保するため、廃校となった学校や庁舎等を収蔵庫として使う博物館も多いが、そもそもその多くは保存状態が決して良いとはいえない状況にあり、改修・補強のための経費は必須となる。そのための財源は、基本的に公費で負担するべきだろう。博物館は、「標本・資料のセーフティネット」としての役割もあるのは明白であり、失われた後に対策を講じても後の祭りである。成熟国家として、先人から継承されてきた文化遺産を後世に守り伝えることは極めて重要であり、博物館政策の重要課題として早急に収蔵庫問題に取り組む必要がある。

註
(1) https://www.iccrom.org/sites/default/files/ICCROM-UNESCO%20International%20Storage%20Survey%202011_en.pdf
(2) https://icom.museum/wp-content/uploads/2024/05/Report_ICOM-STORAGE_EN_Final-ok.pdf

引用・参考文献
江水是仁（研究代表）　2018「博物館学芸員課程における学びの特徴と現代社会に対応した学芸員養成教育に関する研究」（平成 27～28 年度 科学研究費助成事業基盤研究（C）研究成果報告書）
大学所蔵自然史関係標本調査会編　1981『自然史関係大学所蔵標本総覧』日本学術振興会
堀　利栄　2021「学術標本散逸・共有問題と国内外の動向」一般社団法人日本地質学会第 128 年学術大会（オンライン）口頭発表
Lord, B., Lord, G.D. and Nicks, J. 1989, "The cost of collecting: collection management in UK museums: a report commissioned by the office of arts and libraries", London: H.M. Stationery Office.

第6章 パネルディスカッション
博物館の収蔵コレクションの

司会：田中裕二

登壇者：石川貴敏・岡本桂典・篠﨑茂雄・佐々木秀彦・金山喜昭・
　　　　半田昌之・中尾智行・竹内有理・栗原祐司

1　論点整理と議論の前提
2　収蔵庫の設計とキャパシティの問題
3　収蔵庫の重要性に関する認識不足と予算不足
4　博物館は情報発信と説明責任を果たすべき
5　ビジブル・ストレージでコレクションの公開性と体制の強化が必要
6　コレクション管理の方針や規程の整備が必要
7　コレクション管理体制と世界的動向
8　博物館法改正に関する博物館の運営方針と収集方針

(撮影:青木 玄)

現状と課題を考える

9　登録制度における資料の収集と管理の基準策定と公開について
10　コレクション管理体制の構築と評価について
11　30年先を見据えた収集、除籍・処分を含むコレクションの管理と活用
12　コレクションの重要性を絶えず発信し可視化していく
13　博物館は施設ではなく機関、社会の共感を得ていく
14　今回のアンケート調査報告書の意義
15　今後の展望と課題
質疑応答　Q1～Q8

第6章　パネルディスカッション　博物館の収蔵コレクションの現状と課題を考える

✦司会・田中：それでは、パネルディスカッションを始めていきたいと思います。皆さん、よろしくお願いします。

前半の皆さんの報告からは、博物館の収蔵庫問題だけでも、さまざまな切り口からの議論が提示されました。収集、保存、管理、公開も含む一連のコレクション管理を、持続可能な形で実現するためには、今何が必要で、どういった課題があり、今後どのように乗り越えていけば良いのか。このパネルディスカッションでは、具体的な課題を提示しつつ、最終的な解決策を導くため、論点を明らかにしていきます。登壇者諸氏の立場を超えて、フラットに議論を深めていけたらと思っております。

1　論点整理と議論の前提

今までの報告を踏まえ、まず課題の論点を整理します。博物館の収蔵庫が満杯、もしくはほぼ満杯になっていることで実際に生じている不具合とは、主に、(1)「新しいコレクションを受け入れることができない」、(2)「収蔵環境の悪化」、そして(3)「コレクションの活用が図れない」に大別できるといえるでしょう。

まず、(1)「新しい資料または作品、コレクションを受け入れることができない」という現状は、データでも示されています。このたび実施した科学研究費助成事業「博物館収蔵資料の保管と活用に向けた調査研究」のアンケート（2023年（令和5）2〜3月）でも58.3％（182館／回答館317館）が「資料購入予算がない、ゼロ円」と回答。図書館で言えば新しい本が入ってこないような状況に陥っています。これは、地域の文化財を保存できないという危機の表出といえます。さらに、購入予算がどんどん減っていく、もしくはカットされるという現実問題があります。購入予算がなければ寄贈や寄託の資料を受け入れなければなりませんが、収蔵庫が満杯なので受け入れられません。アンケートにも、寄贈してもらいたい、場合によっては購入してでも収蔵したい地元の美術作家作品であっても、保管場所がないのでやむなく断ったという回答がありました。

(2)「収蔵環境の悪化」については、次の4つの問題を内包しています。①「収蔵庫の中で資料の所在がわからなくなる」「探し出せない」ことから、盗難や紛失につながる問題となっています。また、②「過密収蔵による問

112

題」では、風通しの悪化・温湿度の管理不全を原因に、カビやほこりの堆積や文化財害虫の発生などが生じています。さらに、資料の汚損が進む、あるいは積み重ねた収蔵品による接触や作品・資料の損傷も懸念されていますし、館内外を問わずコレクションにアクセスできない状況も生じており、資料を探し出せない、あるいは安全に取り出せないという意見もアンケートに記されていました。そのため、展示作業にも支障が出ているという発言もありましたので、喫緊の課題と捉えています。また、過密収蔵の問題からは③「IPMの不全による問題」も派生しています。そして、④「地震関連の問題」として、自然災害による倒壊や被災の危険があります。

　(3)「コレクションの活用が図れない」については、最近アクセシビリティーの向上が問われているように、収蔵資料の死蔵につながる不具合です。今回のアンケート調査の目的の一つに、未整理資料の把握がありました。各館がどこまで正直にアンケートで記述してくださるか心配していましたが、意外と率直な回答を得られたというのが実感です。未整理資料の存在は、収集資料の保管・管理を旨とする館にとってはあまり喜ばしいことではなく、つまり公表したくないことです。しかし「未整理資料がある」と答えた館が全体の75.1％（235館）、回答館全体の約4分の3は未整理資料があると赤裸々に回答してくれました。未整理資料があることは、台帳やデータベースも未整備という館が非常に多いということを意味し、現在国をあげて推進しているデジタル化以前の問題であることも明らかになりました。なお、各館のデジタル公開比率は、「全くデジタル化できていない、ゼロ％」という館が33.5％（93館）、「全収蔵資料の10％未満しかデジタル公開していない」が33.8％（94館）でした。回答館の3分の

司会・田中裕二氏

1がデジタル化0%か10%未満、つまり公開が進んでいない。収蔵資料にアクセスできない状況が如実に表れていると思います。

これからパネルディスカッションに入りますが、こうした収蔵庫問題は、博物館業界ではかなり昔から認識されているにもかかわらず、うまく解決されなかったのはなぜか。学芸員の皆さんが真剣に取り組んでこなかったわけではないと思うのですが、未整理資料が山積みになるなど、収蔵庫の管理に時間が割けないことが起きているのはなぜか。金山先生は事業評価の中でコレクション管理がなかなか評価されない点を指摘していましたが、ほかにも学芸員の人材や予算不足といった設置者もしくは現場の問題などが複合的に絡み合っていると思うのです。この辺りについて、パネリストの皆さんのご意見を聞かせていただきたいです。

収蔵庫問題を放置したくないが、どんどん堆積してしまいそうせざるを得なかったという、高知県立歴史民俗資料館が直面している事例があります。改めて岡本さんにお聞きします。なかなか手がつけられてこなかった一番の原因は何だったとお考えでしょうか。

2 収蔵庫の設計とキャパシティの問題

✦岡本：まず、高知県立歴史民俗資料館の立ち上げる前は、かなり大きな収蔵庫の設置を構想していたものの、敷地や予算などの関係で縮小されてしまったことがあったのではないかと思っています。1991年（平成3）のオープン時に担当（財団法人高知県文化財団管理職）から収蔵庫が狭いという声が上がり、これではいけないと予備収蔵庫増築等に向けて動き始めたのですが、担当の異動等により検討が中止されました。

岡本桂典氏

その後、学芸課長が県との折衝を再開し増築に向けて動き、予備収蔵庫が増設されました。また、現在は民俗資料と模型などの収蔵品を館から1時間ほど離れた旧大栃高校（香美市）に収蔵しています。民俗資料を限りなく収集してしまい満杯状態になったという特殊な事情もありますが、収蔵庫を当初縮小したということや収集方針が決まっていなかったのが、満杯の一要因になったのではないかと考えています。

　✦司会・田中：収蔵庫を新設する場合、展示面積に対してどれぐらいの広さが望ましいというガイドラインが文化庁から公表されていますが、あまり守られていない。むしろ十分な収蔵庫を最初から構想している館のほうが少ないという感じがします。そもそも、収蔵庫が設計段階から狭すぎる点も問題かと思っています。

　栃木県立博物館では、収蔵庫の大きさは当初の設計段階で文化庁のガイドライン基準にどれだけ沿っていましたか。

　✦篠﨑：レジュメに本館収蔵と新収蔵庫の面積をそれぞれ記しましたが、少なくとも新収蔵庫棟については、今までの実績をもとに今後30年間に資料がどの程度増えるのかを予測し、各部屋の面積を割り当てました。全く根拠のないものではありません。

　✦司会・田中：設計段階で展示スペースが大きくなり、収蔵庫、資材置場、備品庫も含めたバックヤードスペースが十分取れなくなったという話もよく聞きます。

　東京都の場合は収蔵庫をかなり大きく造った、特に江戸東京博物館の収蔵庫は自治体運営の博物館の中では大きいと思うのですが、佐々木さん、いかがでしょうか。

　✦佐々木：開館当初、かなり大きめのものを整備しましたが、収蔵品は増えますし開館30年も経つと、どうしても手狭になり限界を迎えています。だんだんと限界に近づいてきているところはあります。当館と同時期の1990年代の初めに開館した写真美術館や現代美術館なども同様です。

3　収蔵庫の重要性に関する認識不足と予算不足

　✦司会・田中：収蔵庫が満杯になるのは開館しておよそ30年という1つの基準が示されましたが、そのくらいのスパンで増築、増設、改修の議論

第6章　パネルディスカッション　博物館の収蔵コレクションの現状と課題を考える

が必要になってくると思います。設置者が収蔵庫問題を解決するための働きかけをして、各自治体でも議論され、設置者に何らかの提案がなされたり、あるいは予算要求が行われてきたことも聞きますが、それがなかなか実現しなかったという現実もあるでしょう。

国立科学博物館の栗原さん、新収蔵庫建設の予算要求の難しさ、あるいはうまく進まなかった最大の原因はどんなところにあると思いますか。

✦栗原：光熱費・資材費・人件費の上昇により予算不足に陥りましたが、それに対応した予算措置が国からなされなかったということが、今回の簡単な結論だと思います。

新しい収蔵庫は無事できましたが、それでも、当初予定していたよりもかなりシュリンクした施設になってしまい、10年もすれば、おそらくまた満杯になってしまうと予想されます。当初の計画では「見える収蔵庫を造ろう」という国際的な流れに基づいたプランも考えていたのですが、とてもではないがそういう予算はつかなかった。結局は予算不足で従来の収蔵庫ありきの施設になってしまい、新収蔵の1階にかろうじてちょっと中が見えるようなスペースは設けたものの、中途半端です。

要するに、大きい収蔵庫を造っておけば今後20年、30年もつかもしれませんが、現在の予算内で造ると数年先には厳しくなるのです。突き詰めれば結局はお金の話になってしまいますが、財政当局なり一般の方々なりに収蔵庫の重要性が十分に理解されていないことが、正当な予算の手当がなされない最大の問題なのではないかと思っています。

4　博物館は情報発信と説明責任を果たすべき

✦司会・田中：収蔵庫の重要性を考えると、コレクションの価値、保存の重要性を広く周知していくことも大事です。これは博物館の関係者であれば当然認識しているでしょうが、もっと一般の方、納税者であるステークホルダーに、一般論として周知し、収蔵庫が抱える問題を理解してもらうため、日本博物館協会（以下、日博協）としての取り組み、経緯などを半田さん、お話しいただけますか。

✦半田：ひとつ言えるのは、私たち博物館の関係者も含めて、博物館を箱だとイメージしている感覚が強いと思います。博物館の利用者の9割方

は、展示しか見ていないということですよね。たまに講演会場に行ったりワークショップに出たりと、バックヤードとフロントヤードのボーダー的な施設を利用した方も多少いるかもしれませんが、バックヤード、特に収蔵庫というのは、博物館の身内からすると今までは見せたくない場所だったわけですよ。

　ですから、栗原さんの話にあったような「ショー（show）・ストレージ」のような発想は、あるべき姿ではないという風潮も強く、その結果、バックヤードの管理の専門家としての学芸員の仕事もほとんど知られてこなかった。バックヤード部分がブラックボックス化してしまっているのです。バックヤードを利用者が見れないというところが最大の問題であると私は思っていて、コレクションの価値という以前に、「博物館は箱ではない、機能だ」というイメージを社会と共有しないと、この収蔵庫問題やコレクションの価値の本来的な理解は進まないでしょう。メディアも博物館の内側にいる人間も、主体である社会に対してもうちょっとわかりやすく、どんどん発信していくべきだと思います。

　博物館総合調査で「博物館が感じている問題意識は何ですか」という問いに対して、回答した館の約8割が「国や自治体の博物館に対する支援策が十分ではない」、8割弱が「国民、市民の博物館に対する理解が醸成されていない」と感じています。そう答える心情は理解できますが、博物館の内部の者がそう言いますか？と私は問いたい。博物館が社会に対して、「博物館はこんなに大事なところなのですよ、こんな大事なことをしているのですよ」という情報発信ができなかった裏返しとして現況があるのだから、そのことを意識して、その先に進んでいかないと、この先の問題解決はないのではないかなと思っています。

　こうした問題の解決に、私は博物館の登録制度も一定の役割を果たすことができると考えています。登録博物館になるためには、博物館として求められる基準を満たすことが求められますが、博物館の目的や活動方針を定め社会に公開することも明記されています。今回のテーマである資料の収集や活動についての方針も同様で、その方針を博物館が社会に示し公開していくことは、これまで閉ざされているとイメージされがちだった収蔵庫や学芸員の仕事を社会に開いていく上で重要なことだと思います。その

ためにも、改正法の施行規則や文化庁が示している登録審査の参酌基準の
内容を理解することは、現場の博物館関係者にとっても重要なことだと思
います。日博協としても、設置したアドバイザリーボードや文化庁、また
ほかの館種団体とも連携しながら、審査基準の在り方について検討を続け
ていきたいと考えています。

　また、改正された博物館法では、博物館から登録申請があったときに、自
治体等が有識者の意見を聞くことが義務づけられているわけです。今回の法
改正では、有識者意見聴取は登録時だけとなり、その後の活動に対するピリ
オディカル（定期的）なチェックを法律に追加することはできなかったわけ
ですが、博物館には報告義務はあるわけで、それは年報とかでもいいですよ
という話になっています。しかし、博物館が持続可能性を持って発展してい
くために、有識者が積極的にその博物館の将来的な活動を見越したアドバイ
スをしていくことの大切さを、自治体の担当者が有識者の役割として理解し
て、登録時の改善ができているのかどうかを、その後の評価指針の中に加え
ていくこともひとつの方法だと思います。こうしたプロセスの中で、登録し
た博物館が、収蔵資料の保管や活用も含めて、それぞれの質を高めていける
制度をつくっていくことが必要だと思っています。

　もうひとつ、栗原さんが発表してくださったところで興味深いのは2011
年の調査と傾向的にはほとんど変わっていないということですね。2年前
の全国博物館大会の札幌大会で北海道の学芸員さんが、21世紀の博物館
は収蔵庫の時代ですよねと発言をされた根底には、収蔵庫が限界にきてい
るとか、これからのことを考えなくてはいけないという状況が反映されて
いるのですが、私は日博協で仕事をしていて一番強く思うのは、この問題
を取り巻く事情が、本当に個別の博物館それぞれで一概には語れないとい
うことです。

　地域との関係やコレクションの特色は多様で、それぞれに価値がある。
だから博物館として社会に存在していく上では収蔵庫はとても大事で、そ
の方針とか運営の方針はそれぞれの館に必要不可欠だということのコンセ
ンサスは、今回のシンポジウムで十分得られたと思うのです。しかし、要
はこれからだ、という話も確認したのだろうなという話だと思っていて、
アンケートの報告も拝読させていただきました。

全体の傾向はデータが語ってくれると思っているのですが、ただ、やはり現状としては文科省の社会教育調査で5,771と言われている博物館の数からしてみると、その約8割がいわゆる類似施設に属していて、なおかつその類似施設の7〜8割が地方の基礎自治体の博物館であるという現実が非常に重くて重要だと思いますね。果たしてそういうと

半田昌之氏

ころが今回のアンケートに答えているのかというところは、日博協がやっている総合調査も同じですが、アンケート調査で分析されたデータ自体が全体の現状を語りきれてはいないかもしれないという部分を見落とさずに、フォローしていくことが必要なのだろうなと、特にこの収蔵庫問題については強く感じているところです。

　最後になりますが、栃木県立博物館についても私は収蔵庫の見直しについて微力ながらお手伝いをしてきた人間として振り返ってみると、ひとつの大きなインパクトは収蔵庫問題が顕在化するタイミングで元副知事さんが館長に着任したことでした。その副知事さんが博物館の収蔵庫問題について前向きなモチベーションを持ったことだったと思っていて、私も応援団として一生懸命やらせていただいたのですが、印象深かったのはやはり県議会の議員さんに対する説明会でしたね。

　保健福祉分野の議員にも説明させていただいた記憶があるのですが、公立博物館においては、やはり利用者である市民、県民との間にいる議員さんの理解はすごい大事で、その説明をおろそかにするとお金がついてこないという問題があります。ご苦労してつくられた今回ご紹介された新しいルール、規程というのは、ある意味県民の意を代表する議会、つまり予算を持っている人たちに対する責任説明をどう果たしていくのかというため

につくられた資料でもあると私は理解しています。シンポジウムでも申し上げたように、その先にいる市民たちが博物館をどう見ているのか、博物館に何をしてもらいたいと思っているのかというところを考えながら、個別具体的に個々の博物館でうちの収蔵庫をどうしていこうか、方針をどうしていこうかということを考えていかなくてはいけない時代になっているのではないかなと思いました。

　そういう意味では、奈良県立民俗博物館について―私は学芸員になる前からとてもファンで、学芸員になってからも勉強させてもらった、とても印象に残っている博物館ですが―、知事が会見で方針を示してほしいと発言しました。方針をつくるのは博物館ではなくて設置者だと私は思っていますが、現場がしっかり声を上げることも重要で、その辺のことはこれからもどういう動きになるのかをしっかり見ていきたいなと思っています。

5　ビジブル・ストレージで
コレクションの公開性と体制の強化が必要

　✦金山：栗原さんが海外の博物館の事例を紹介されたように、最近の動向として、資料を「見える化」していることが挙げられます。ビジブル・ストレージ（公開収蔵展示）の博物館が少しずつ登場してきた状況があって、先進的な事例は海外ですが、日本でも中尾さんが紹介したように兵庫県立人と自然の博物館のコレクショナリウムがありますし、美術館では宮城県立美術館もそのようになると聞いています。

　今後は収蔵資料をいかにして見えるようにしていくか。それによって、半田さんが言うところの国民や市民にコレクションに対する価値を共有し、理解を促していくということなのだろうと思います。

　もう一つ、収蔵庫の増設を話題にする時に、倉庫としての収蔵庫を増設してもあまり意味がありません。増設する場合には多くが本館から離れたところに立地しますので、コレクション管理のための体制（専門スタッフ、施設・設備、予算）も併せて整備することが必要です。

　竹内さんが紹介したイギリスのバーミンガム博物館には私も以前訪れたことがあります。本館は市街地に立地していますが、大規模な収蔵庫は本館から離れた工業団地の一角にあります。スタッフを配置されて、資料を

登録、管理する業務を行っており、ホームページから収蔵庫ツアーに予約して参加できる仕組みができています。つまりは、箱物としての収蔵庫ではなく、日常的にコレクション管理することをセットで考えていかなければ、博物館のコレクションを維持・活用することができないということも付け加えておきます。

　✚司会・田中：イギリス、バーミンガムのミュージアム・コレクションセンター、スコットランド、グラスゴーのミュージアム・リソースセンターは、まさに、美術館や博物館のコレクションに加え、日本でいうところの民俗資料や自動車等の近代工業製品なども収蔵しています。バーミンガムのコレクションセンターには、市のコレクションの約80％が集まっています。本館はリニューアルのため閉館しており、その収蔵品も一時収容しているので、収容可能量の90％を超えているのではないかとのことでした。バーミンガムもグラスゴーも、ともに単なる収蔵庫ではなく、申込みをすれば市民が誰でも入って見ることができます。コレクションの閲覧についても、（職員には限りがあるものの）基本的に申請をすれば研究者でなくても誰でもアクセスできます。そこには日本との大きな違いを感じます。

　私は大学で学芸員養成課程を担当しているので、学生を連れて学外見学実習に行くのですが、「セキュリティーの問題で収蔵庫は入れません」と見学を断られた経験が何度かあります。もちろんIPMや温湿度変化への対策として、大人数を受け入れると問題があることはわかります。しかし、私たちは、たかだか学生10数人と引率教員です。当然、収蔵庫の暗証番号や入り方、あるいは鍵の場所を教えろと要求しているわけでもありません。博物館の収蔵庫には、確かに「聖域」という感覚があり、

金山喜昭氏

守りたいという意識が生じることはわかるのですが、単にシャットアウトという形で守るだけでは、重要性を認識させることはできないのではないか。その点も考慮が必要だと思います。

福島県富岡町の「とみおかアーカイブミュージアム」は、徹底的にバックヤードから観覧させる、というよりむしろ、裏方の収集作業もガラス張りで見える取り組みをしています。ここでは見せることが先行していて、それによって、「ああ、こんなものを集めているのだな」「こういうものが必要なのだな」「では、うちにもこういう震災関係のものがあるから寄贈しよう」と、市民の関心を高め、寄贈活動にまでつながり、コレクションが形成されていくという好循環が生まれるということを聞きました。展示というよりは収蔵資料や、裏方やバックヤードの作業まで全部見せることを徹底されている館だと非常に感心しました。

6 コレクション管理の方針や規程の整備が必要

✦司会・田中：今回の議論やアンケート調査の結果から、コレクションの収集方針や関連した規程の面でも、各館の足並みが揃っていないことがわかってきました。収集方針、管理方針、公開方法、除籍・処分といった諸規程あるいは基準について、アンケートで「コレクション管理に関する文書、規程がありますか」と質問しています。「収集、管理、公開、除籍・処分全てある」と答えたのは5館（1.6％）のみでした。対して、「一部ある」「収集方針だけはある」という館が56.9％（178館）、「ない」「わからない」が41.5％（130館）ありました。では、「規程や手順がなくてどのように集めているのか」と聞くと、学芸員の経験、慣例、感覚、引継ぎ、中には口伝というのもありましたね。ほかに都度協議というものまであり、この調査結果から危機感を募らせました。収集方針で要綱、要領、内規、マニュアル、手順のどれをとるかも統一されておらず、このばらつきも整備しなければならない。

今回、栃木県立博物館が新しい収蔵庫を造るにあたり、コレクションの中長期的な収集方針を30年計画で整備したと発表されましたが、それができている館は少ないことが今回のアンケート結果でわかりました。篠﨑さん、規程の整備にあたっては、国内外の館を参考にしたのでしょうか。

✦篠崎：実は40年前の開館当初から、収集、保管、活用方針はあったので、何を参考にしたのかはよくわかりません。逆に、アンケート調査結果を見て、意外と整備されていないことに驚いているというのが正直なところです。

除籍と全体量の把握の方針については、収蔵庫の増設を検討するにあたり新たに設けたものです。こちらについても特に何かを参考にしたということではなかったと思います。博物館職員がいろいろ考えながらつくったものです。

篠崎茂雄氏

✦司会・田中：今回、博物館法が改正されて、博物館法施行規則の第19条で博物館の資料、コレクション体制の基準を整備しなさいと示されました。コレクション管理にも光が当たる日がついに来た、という点で非常に画期的だと思いました。

今回の改正では、運営方針を策定して公表するとの記載があります。アンケート調査結果では「内規で公開していません」という館もありましたので、今後は市民の理解を得るためにも公表していくべきかだと思います。

さらに、「資料を体系的に収集する体制を整備する」あるいは「目録を作成して適切に管理し活用する体制を整備する」というように、資料収集や管理の方針を定めることで「体制を整備する」と何度も書かれています。今までは、人・物・金を投入できなかった分野ですから、明確に記述されるのは非常に良いことだと思います。では、体制が整備されているといえる基準はどこか。アンケート調査の結果では、方針の策定についてはばらばらだという話をすでにしました。金山先生は、先ほどのプレゼンの中でも基準について触れていましたが、いかがでしょうか。

✦金山：博物館法施行規則第19条の第2号、3号は、コレクション管理

を法令に位置づけたという意味では評価することができます。ただ、これをどう読み解いて登録博物館のいわゆる「審査基準」に落とし込むかについては、明確に裏づける措置が取られておらず極めて残念です。

7　コレクション管理体制と世界的動向

✦司会・田中：国立科学博物館の現場について、あるいは栗原さん個人の考えでも構わないのですが、いかがでしょうか。

✦栗原：国立科学博物館の場合は、コレクションマネージャーという専任の担当者がいます。世界的に見ても、レジストラーやコレクション管理の人材は多くはなく、日本の場合はほとんどが兼務ですよね。専属担当者がいるのは多分、国立館ぐらいで、地方自治体にはなかなかいないというのが現状なのです。

では、何をもって、体制が整備されていると言えるのだろうか。それは、議論の余地があるのではないかと考えています。

ある意味、今日本で議論されていることが世界でも課題になっています。ICOM の中にコレクションに関するワーキンググループがあり、昨年（2023 年）4 月から半年ぐらいかけてアンケート調査を行って、今年（2024 年）5 月にその結果の報告書がまとめられました。結論から言えば、世界中、大体どこも同じような問題を抱えているのだなという内容になっています。

ちなみに、こういった発表・報告を集めて今年の 10 月にパリで国際会議を行うことになっています。かなり多数の提案がなされたようで、およそ 80 件ほどの発表があるということです。事例発表が中心だと聞いていますが、世界各地の収蔵庫の現状とか、それに向けた組織の在り方、解決の在り方、コミュニケーションの在り方、今後コレクションはどうあるべきなのか、こういう幅広い議論が行われるようです。

既に ICOM のホームページに英語とフランス語ですが、報告書が PDF でまとまっていますので、興味があればご覧いただければと思います（本書栗原論考 105 頁参照）。

次に、博物館実習等で収蔵庫の見学を依頼したが、見せてもらえなかったという話を聞くことがありますが、一般的には美術館だとセキュリティや作品保存の観点から見せていないところのほうが多いのではないかと思いま

す。私どものような自然史系博物館というのは比較的頑丈な資料が多いので、収蔵庫ツアーなどを行ったりしていますが、やはり紙とか絹とか脆弱な資料を扱っているところは保存の観点からも見せづらいし、また、狭隘であるために、安全確保の面で公開しづらい館も多いのではないかと思います。とりわけ私立の美術館の場合、いくつかの館はオーナー、すなわち館長の許可を得ないと収蔵庫にすら入れない、正職員なら入れるが、非常勤では入れないような館もあると聞きますので、いわんや外部の方、学生の方に見学してもらうのは難しい面もあるのだろうという気はします。

余談ですが、昔、高松塚古墳壁画の収蔵庫の管理を担当したことがあります。徹底して虫などが入らないように気を付けていたのですが、それでもやはり月に1回はムカデとかクモとか、そういうものが人間の服や靴につくなどして、何らかの形で入ってしまうのですね。そう考えると、やはり保存を重視する施設については、外部の方はなかなか収蔵庫の中に入れるのは難しく、可能であれば外から見られるようにガラス張りの見学通路を作るのが理想ですが、予算面でなかなかそれは難しいのかもしれません。

ちなみに、ちょっと話は外れますが、今当館の自然教育園において面白い展示をやっています。漫画で紹介する展示なのですが、園内に特別保存地区というエリアがあり、国の史跡・名勝に指定されているということもありますが、このエリアにはあえて誰も入れない、専門家以外は誰も入らないという形にして、本当に自然のままの環境を守っています。ただ、その代わりに映像を撮ってそれを見せるとか、ほかの手段によって見せるという形で、現地には入れないが、違う手段によって来園者の方々に特別保存地区についての情報をお知らせするということをやっ

栗原祐司氏

ています。

最後に、来年（2025 年）11 月は ICOM ドバイ大会が開催されます。収蔵庫に関する議論も行われると思いますので、今からしっかり予算と時間を確保して1人でも多くの方に参加してほしいと思います。

8　博物館法改正に関する博物館の運営方針と収集方針

✦司会・田中：博物館法改正との関連で、文化庁の中尾さんは現状をどうお考えですか。

✦中尾：政策・施策、法制度もそうですが、理念だけではうまくいかないと考えています。現実の状況をどのように変えていくのかという視点に立ち、複合的な問題にどう取り組むかでしょう。

今回の改正では、博物館法の施行規則（省令）に、博物館としての登録基準として「博物館資料の収集及び管理の方針を定め、博物館資料を体系的に収集する体制を整備していくこと」という項目が入りました。

ちなみに旧来の登録制度では、日本全国の 5,771 館のうち、2 割程度しか登録博物館および指定施設になっていません。結局、ほとんどの博物館が法律上の博物館ではないという現状があります。そこで今回、登録制度を改めることによって、法律上でしっかり位置づけたいという意図がありました。法律には「博物館とはこういうものですよ」という定義があるわけですから、法律上の定義に則った形で博物館を運営、充実を図っていってほしいということです。

文化審議会では、ミニマムスタンダード、つまりこれぐらいを備えていないと博物館とは言えないよねという最低ラインの基準を定める方向で議論がなされま

中尾智行氏

した。新登録制度での基準は、これまでの外形的な基準を廃した定性的なものが多くなっています。開館日数は残しましたが、基本的に、施設の規模などの数値基準は外して、博物館としての活動、つまり質的な要素の担保を基準として判断できる内容にしています。また、今回の改正法に学識経験者による意見聴取についての項目を加えたのも、審査の過程で学識経験者の意見や助言を受ける仕組みを作ることで、博物館の機能や活動の質的な担保といった部分についての意見や助言をもとに向上を図るためです。

改正後の基準のひとつである基本的運営方針は、各博物館が独自に持つ目的と使命、いわゆる博物館が達成することを示すものなので、私は各館でしっかり定めてほしいと思っています。先ほど金山先生が指摘した通り、「博物館が何のために仕事をするのか」という最上段にあるべき理念を示すものなので、明確に作らなければいけない。これがなければ、何のために仕事をしているのかという問いに対して答えることもできないし、取り組む仕事や事業にブレが生じたりもします。ところが現実には、約半分の博物館しか運営方針を定めていないという日博協の調査結果があります。今回の議論でも、「半分の博物館が定めていないのに（ミニマムスタンダードとしての）基準に含めて大丈夫か」という懸念はあったのですが、公的、社会的な役割を持つ施設や機関として、その目的や使命を言語化しておくことは必須だという理由で加えています。

一方で、収集方針に関して、これを定めている館は、運営方針を定めている館よりもさらに減り、今回の調査でも24.1％です。収集方針の有無を基準に加えてしまうと、ほとんどの博物館が登録博物館や指定施設になれないのではないかという危惧がありました。登録基準に加えてはいますが、基本的には条例等での記載でもよいと説明しています。

ただし、今回のシンポジウムで示されたように、しっかりした収集方針を定めておくことは将来に向けたコレクション管理の観点から重要であり、これらの議論に関しては、今後整備していく文科省告示、「博物館の設置及び運営上の望ましい基準」において検討していきます。

私の報告の中で、日本の博物館が1970年代から90年代にかけて非常にたくさん建築されたので、7割方の博物館が築30年以上を迎えていると

いうことをお話しさせていただきました。当たり前ですが、博物館の収集活動に伴って、経時的に資料は増えていきます。収蔵庫は不足し、いずれは満杯になります。この収蔵庫問題というのは博物館が博物館である以上、絶対に切り離せない問題です。この問題は全国各地に博物館が設立され、事業活動を開始して以来、ずっと存在していたわけですが、それが臨界点を迎えたというのが現状だと思っています。

　当然ながら、いずれ臨界点を迎えるということはみんなが認識していました。ただ、それに関してどうしても博物館の収集資料は恒久的に守られるべきだという理念があり、いずれ満杯になることが見えている収蔵庫について、真摯な向き合い方というか、議論がなされてこなかったのではないでしょうか。各館や個々人としては皆さんすごく考えていらっしゃったはずですが、ついに博物館界全体としてここに向き合う時期が来たというのが現状かなと。これは我が国だけの話ではなく、今栗原さんのほうからもご紹介がありましたように、全世界の博物館においてこういったことが課題化し、議論されているのだと思っています。

　よく似た議論として、私はもともと考古学出身ですが、遺跡から発掘される土器や石器などの埋蔵文化財資料は、開発に伴う調査があるたびにどんどん増えていく。これは携わった方はわかると思いますが、開発に伴って加速度的に増える埋蔵文化財をどうやって保管していくのかということは早くから議論になっていたわけですね。1997年に埋蔵文化財発掘調査体制等の整備充実に関する調査研究委員会が立ち上がっていまして、こちらが「出土品の取扱いについて」という報告を出しています。ここで出土品の取扱いに関する基本的な考え方として、発掘したもの全てを持ち帰って保管するというそれまでの在り方に対しての再考を求めています。これからも恒久的に保存し、活用が見込めるものかどうかという基準において選択を行うこと、選択から漏れたものについては廃棄という部分も選択肢に入った提言を示しています。

　これは、博物館の収蔵庫問題にも関わってくるところだと思っています。当然歴史博物館、考古系の博物館は完全に重なってきますし、そうでない博物館においても、埋蔵文化財においてこういった議論が早くに行われていたという事実、ここに関しては知っておいていただきたいなと思います。

128

9 登録制度における
資料の収集と管理の基準策定と公開について

✦司会・田中：収集方針は、館にとっても非常に重要だということですね。

✦金山：資料の収集及び管理の方針についての文書（規程）を策定することは、私の報告でも述べたように、コレクション管理の基本になります。栃木県立博物館が40年ほど前に作られていたことには驚きました。中尾さんの説明では、各館に厳密に作らせると、ミニマムスタンダードにならないということですが、いきなり完璧なものを求めているわけではありません。新しい登録博物館制度は、具体的なメリットがほとんどありませんが、それぞれの館の管理運営状況や、中でもコレクション管理の在り方については一度棚卸しをするために、スタッフ全員で協議して再出発の機会になるようにすればよいと思います。

新たな登録制度には、施行規則に登録制度の参酌基準が定められました。施行規則の第19条2・3号に定められたように、コレクション管理の体系化が示されたことは評価できます。そして、都道府県の教育委員会が登録審査するにあたり、その参酌基準の「読み解き」が文化庁の博物館総合サイトの「博物館関係者向け」のページに限定公開されています。

文化庁が示している「読み解き」を具体的に言えば、博物館の資料収集及び管理の方針については、「定款や設置条例等のほか館が発行している報告書や冊子類、ウェブで公開しているものを出力したもの等」と例示されています。しかし、それらは目的が異なるもので、コレクションを管理していく上での作業上の拠り所になるようなものとは性格が違います。また、「目録作成」については、これは博物館資料の目録（台帳等）となっていますが、「資料の管理や活用」については、その業務を裏付けるような関係書類の提出が求められていません。

都道府県の教育委員会は、この「読み解き」を参考にして登録審査に当たるということになりますから、コレクション管理の体制が必ずしも整備されていない登録博物館が出てくることが懸念されます。それぞれの館にとっても、コレクションの管理の在り方を見直す機会にはならないのではないかと思います。

もう一つ、有識者のアドバイスについてです。「読み解き」の中では「あくまでもアドバイスである」と書かれていますが、登録制度は更新制度ではありませんので、アドバイスが生かされる保証はあまり期待できません。この点はもう少し工夫があればよかったと思います。

✦中尾：金山さんの発言は、こちらの意図の通りです。なぜならば、こういうことを契機にして収集管理方針を定めてほしいという気持ちがあるから、条文に加わっています。従来通りで良ければ、追加されることもないでしょう。

ただし、条例、館則レベルでも良いとしていますが、必要性を感じて新たに作るところが出てきてもいい。そうした意識づけをするために、この一文が入っていると捉えていただければ良いと思っています。

✦司会・田中：今回のアンケート調査の結果では「コレクション管理に関する文書による体系的な資料の収集管理を行っている」と答えた館は81.1％（142館）ありました。意外と多いですが、内実については、明確な収集方針があるかどうかは別の問題です。しかし、約80％の館に何らかの文書があり、それに基づいて体系的な収集を一応は行っている可能性が非常に高いということですね。その文書が条例なのか、細則なのか、内規なのか、要綱なのか、要領なのかはわかりませんが、今回の改正は、各館で「コレクションポリシーは何か」と見直す機会になるのではないかと思います。そうでなければ、「収蔵庫にあるが、これは何だろう」というコレクションが増えていってしまう恐れがあるでしょう。

10　コレクション管理体制の構築と評価について

✦司会・田中：それでは次に、「コレクション管理の体制をどう作っているのか」についてです。コレクション管理は評価されにくい、見えにくいという話もありました。そもそも学芸員が何をやっているかわからないということは、昔からよく言われていました。ここ20〜30年ほどは、特別展や企画展、その関連イベントが非常に重視される傾向にあり、行政評価でも「展覧会事業の来場者が何人」という数値目標や数値の点数が高いわけです。その反面、コレクションの管理、収蔵庫の整理作業は、優先順位としてはさらに低くなってしまう。すると、点数が高いほうに博物館のリソースは投入され、

コレクション管理に人手が回らないということが起きてきたと思います。「博物館は展覧会だけではない」という存在意義について、利用者、設置者、もしくは博物館内部の管理職等の職員も含め、さまざまなステークホルダーの理解を得ていかなければならないと思います。展覧会、特別展、企画展に評価が偏っているのではないかという点について、現場で働いている皆さんに聞いてみたいのですが、佐々木さんいかがでしょうか。

　✦佐々木：確かに、展示、展覧会はミュージアムの華でたくさんの人に見ていただくので、力を入れるのは当然だと思います。ただ、メディアなどが、展示・展覧会偏重になっているような気がしています。

　個人的な見解ですが、キュレーターとかキュレーションは、マスコミ等の周囲から出てくるワードです。ミュージアムの現場の中ではキュレーションという言葉はあまり使いません。それは学芸員の仕事のごく一部だし、展示企画と言えば通じるので、ことさら言わないし、言うほうが危なっかしい感じがします。

　キュレーターと名乗るのであれば、同時に、レジストラーがいて、コンサバターがいて、エデュケーターがいる組織体制でなければならない。キュレーターを名乗り、展覧会をやっていればいい、と自認するのはとても危ない話です。

　学芸員は、展示だけでなく、資料管理も保存もやるし教育普及もやって、実質「雑芸員だ、忙しい」となります。しかし、体制を整えて役割分担をすればいいことです。周囲のキュレーター偏重主義は危なさを助長する。展示をやっていればいっぱしの仕事をしているという錯覚が内部に入ってくると、すごく危険だなという感覚があります。

　収蔵庫や収蔵品の問題だけにフォーカスしていると、ハコモノの話みたいになってしまって、矮小化される流れがあり、そうではなく地域の文化資源政策という大きな文脈で捉えたほうがより発展性があるのだろうと考えます。では、それを考えるときにどういう手がかりがあるか、関連文献を紹介させていただきたいと思います。

　1つは、「ライブラリー・リソース・ガイド」という図書館を中心とした専門誌です。そこで昨年特集を組みました。「文化資源の保全と図書館・博物館」ということで、文化資源に関わる図書館と博物館の関係者がどの

第6章　パネルディスカッション　博物館の収蔵コレクションの現状と課題を考える

佐々木秀彦氏

ような考え方でこれから取り組んでいけばいいのかということを、多様な人たちが述べています。

　政策提言をしていますので、直接収蔵庫云々ということでもないのですが、より幅広の文脈で捉えるときにヒントになると思っています。おかげさまで売れ行きが非常によく、品切れになってしまっているのですが、大きめの図書館等には置いてあると思うので、関心ある方は手に入れて一読していただくとありがたいです。

　次は宣伝になって恐縮ですが、私が出した『文化的コモンズ』（みすず書房、2024年）の中で、地域の文化政策に言及しています。後半部分に先ほどご紹介した「ライブラリー・リソース・ガイド」の特集と絡めて地域文化資源をどう捉えるかということ、地域の中で「ケア」と「シェア」をキーワードに考えていったらどうなのかという問題提起をしています。

　文化財の保存・活用計画を自治体単位でつくろうという流れがあって、意欲的な計画がどんどん立てられていますが、そういったもののなかで文化資源について言及するとか、自治体によっては地方文化芸術推進基本計画と絡めて、文化資源をどう扱うか、その中で文化施設はどんな役割を果たして相互に連携しながらどう捉えていくのかという視点で考えていく。個別課題にとどまらず、政策にするという視点はかなり大事なのかなと考えています。それはそれで労力がかかりますが、このような心構えがないと議論が矮小化されてしまうのではないかと思いましたので、補足をさせていただきました。

11 30年先を見据えた収集、除籍・処分を含む
　　コレクションの管理と活用

　✦司会・田中：コレクション管理がなかなか評価されないという理由があるのではないかと思います。一方で40年前から収集方針を掲げて、収集管理も重視してきた栃木県立博物館のような館もありますが、篠﨑さん、コレクション管理の評価はいかがですか。

　✦篠﨑：県民や市民の博物館に対する期待は、「まずは展示」ですから、展示に注力する。すると展示が全てという感覚に陥ってしまう。これは市民だけでなく、設置者も同じかと思います。逆に、収蔵庫やコレクションのことは、おそらく県民や市民にはほとんど理解されていないのではないか。こうした現状において、学芸員としてどのような活動したらよいかを考えた場合、やはり展覧会に力を入れてしまう。それが今の姿ではないかなと思います。

　栃木県立博物館では資料の収集方針を整備しているとはいえ、正直なところ、コレクション管理、資料整理はさほど進んでいないのです。理由は予算面、特に人件費が厳しいからです。コレクションの管理は各学芸員が個人単位で行っているのではなく、館全体で取り組む課題として共有しています。資料の収集においては、担当の学芸員が作成した調書にもとづき博物館のすべての職員が参加する会議にかけ、さらに外部の資料評価委員の意見を伺い、主管課にも報告をすることで、県全体で共有している。こうした手順を踏んでいます。

　シンポジウムでは「栃木県立博物館の収蔵資料と管理と活用」というテーマで報告をしましたが、このなかで栃木県立博物館では2021年に新収蔵庫を建てたこと、それに当たって、資料の収集、保管、活用に関する要綱、これは今まであった収集、保管、活用に関するルールを見直したということを紹介しました。その中で、特に除籍については今回新たにルールを定め、そのフロー図をお示ししました。この辺りで時間切れとなり、十分な説明ができなかったので、この場を借りて少し補足させていただきます。

　資料の全体量の把握、つまりはコレクション管理ですが、栃木県立博物館では全ての分野が概ね10年間で全資料をチェックすることにしました。

第6章　パネルディスカッション　博物館の収蔵コレクションの現状と課題を考える

　まだそうした取り組みを始めてから数年しかたっていないので、チェックの途中ということになりますが、そのような中でそれぞれの資料について、栃木県立博物館にとって必要なものなのかどうか、そしてもっと活用できる場はないのか、あるのであれば移管を検討し、栃木県立博物館の資料としては適切ではないものについては廃棄も考える。そして除籍にあたっては1人の判断だけではなく館全体で共有し、さらに県にも報告する形をとることで、30年先を見据えて本当に残すべき資料を精査しています。

　そうした中で、新しい収蔵庫の大きさについては、30年先、これは本館と合わせると計60数年先となりますが、今までの実績から、各分野の収蔵の状況と資料の容積をシミュレーションして、今後どうなっていくか計算することで、それぞれの分野の面積を割り当てました。つまり、増築前の収蔵率がどうだったのか、今後資料が増えるのか減るのか、そのようなことも含めてそれぞれの分野の面積を割り出しました。結果今後収蔵資料が増えると判断され、面積が広がった分野もあれば、横ばいもしくは今後移管などを進めることで減っていくと判断された分野もあります。

　今、奈良県立民俗博物館の件が話題になっていますが、例えば民俗分野は増築前の収蔵率が大体200％に近いという状況のなか、また、今後時代が進むにつれて資料が増えるであろうという判断の中で、より、広い面積が割り当てられました。ただ、現実はどうかというと、民俗資料よりも歴史資料が増加しており、これは戦争関係の資料になりますが、必ずしも実態にあわない部分もあります。その辺りの部分については今後修正していくことになっていくかと思っています。

　なお、今の収蔵庫ですが、大分余力がある状態です。しかし無計画のまま資料を収集してしまうとすぐ満杯になってしまって、また建てて欲しいという話になってしまう。だから資料を管理をすることは、必要なことだと思います。当時は特に除籍の規定を作ることには抵抗がありました。なお、今余力のある部分について、ほかの市町村の資料、もちろん栃木県内の資料ですが、一時的にお預かりしている、つまり寄託ということになりますが、そのようなこともできるようになりました。特に国指定文化財などを預かることが多いです。

　このように寄託資料の形で一時的にお預かりすることで、もしかすると

こうした考えは共同収蔵庫に発展していくのかも知れません。もちろん当該市町村で収蔵庫が確保された場合は、すぐに地元にお返しする、新収蔵庫にはこのような活用の方法もあります。以上、追加という形で説明させていただきました。

✦岡本：ほかの博物館ですが、個人の収蔵しているコレクションについて「自分のコレクションをどうやって収蔵して保存していったらいいのか」という相談がありましたら、博物館の学芸員の指導のもとで、各宅できっちり管理してもらっている事例があります。「このようにしたらカビが生えますよ」ということまで指導している博物館もあります。そうした相談や支援の依頼があったら、断らずに「実は学芸員はこんなこともしているのだ」と、アピールしているのですね。当館でも他館や寺社、個人からの相談の依頼があります。寺社などの収蔵品にカビが生えたと連絡があれば、すぐに対処の方法を指導し、当館学芸員とともにカビ取りに出向きます。その場合は県の文化財担当の職員も同行し、マスクをして一緒になって、カビ取りをしてくれています（そのような資料は収蔵庫が満杯で受け入れることができないため、地域で収蔵できるよう指導しています）。

12　コレクションの重要性を絶えず発信し可視化していく

✦司会・田中：収蔵庫で未整理資料が死蔵されているということは、利用者がコレクションにアクセスできないということです。これは非常に大きな問題で、コレクションにアクセスできる環境が整えば、館内の職員もアクセス可能になり、利用者にとっても大きなメリットがあるということも広く周知していく必要があると思います。収集、保存、管理については、「将来残していくためにこういう価値、意味があるから、これだけのお金と手間暇をかけて保存する必要がある」ということを広く発信していかないといけないでしょう。このシンポジウム自体にもその役割がありますし、繰り返し発信していかなければならない。あるいは、博物館や美術館といったミュージアムも、コレクションをどんどん開いて、収蔵品の内実や価値を広く説明していかないといけないのではないかと思っています。

そろそろまとめに向かいますが、最後に一つだけ。

今、デジタル化が盛んに言われており、博物館法改正でもデジタル化に

ついての条文が一文入りました。アクセシビリティーの向上には欠かせませんが、とにかくデジタル化だけを進めれば良いと解釈されることは危険です。場合によっては、「デジタル化をすれば現物は要らない」というような暴論も出かねないので、デジタル化ももちろん大事ですが、資料自体の保全方法を考える必要性を常に発信して、社会に対して説明していかなければならないと思っています。

そもそもコレクションを収集する意味、保管の意義がなかなか可視化されていないので、バックヤード、裏方の仕事は実はこんなに大変で、手間暇かかって、地道で、でもこの仕事があるからこそ活用できるということを丁寧に、広く、たゆまなく発信していかないといけません。このシンポジウムも、そのきっかけの一つになればと思っております。

13　博物館は施設ではなく機関、社会の共感を得ていく

✦司会・田中：コレクションの収蔵庫をどうしていくかについては、図書館、公文書館、公民館等、公の施設全体で考えていくべきかと思います。ホールの事例を挙げ、博物館だけの問題ではないと話していた佐々木さん、いかがでしょうか。

✦佐々木：今日感じたことを3点ほど述べたいと思います。

まず、コレクションや収蔵庫に関わる姿勢、捉え方の話です。今日はキックオフなので実情把握が中心で、収蔵庫が満杯ですごく困っているとか、設置者も全貌をよく理解していないとか、利用者である市民にも意義がなかなか伝わらないということが示されました。単に収蔵庫がいっぱいで困っているという問いを投げかけても、「じゃ、もう集めるのをやめればいいのではないか」とか、「捨てる収蔵品はないの？」という答えになってしまいます。問いかけの射程距離が短いと短絡的な答えしか返ってこない。それはもうやめたほうがいい。次の段階に向かえる問いかけを持って、姿勢を変えていかなければいけないなと感じました。

もう一つは、科博の話で伺いましたが、「地球の宝、人類の宝、地域住民の宝、我々の宝を預けている宝箱がミュージアムだ」という捉え方を本気で共有しなければいけないと感じました。半田さんから聞いた、博物館協会が「対話と連携の博物館」と掲げたときからその意識で携わっている

という話も、そういうことだと思うのです。科博のクラウドファンディングやニホンオオカミの話は、報道もされて知っている人も多いでしょうが、実にいいエピソードだなと思っています。科博の収蔵庫のツアーに参加した当時小学生だった子が、「これってヤマイヌじゃなくて、ニホンオオカミなんじゃないか」と察知できたのは、収蔵庫をたまたま公開していたからです。ツアーでもいいし、デジタルアーカイブでもいいのですが、可視化されていた。つまり誰もが気づけるようにアーカイブが見られたということですよね。気づいたことをもっと深めるために研究員が一緒に調査して、それを中学２年生になって論文発表した。利用者の立場にある人たちがインスピレーションを受けられ、なおかつ、そのインスピレーションを伴走して育てる専門家もちゃんといたということです。クラファンで「これはみんなのものだよね」と思って９億円を出してくれる当事者があれだけいたことと、インスピレーションを受けてちゃんと価値を共有化できた、顕在化できたということは、すごいことだと思います。

　ほかの地域でも、収蔵庫の収蔵品をいろいろ調べてみたら地域おこしのタネがあったとか、そこから始めたら面白いイベントができてしまったとか、思いも寄らぬ価値のあるものがあったので展覧会をやったらどんどん人が来たとか、保管しておいたことで価値が顕在化するストーリーを各地からいっぱい集めて、こういうことがあるのだよと示していかないともったいないなと思いました。そういう話を発掘したいですよね。

　最後の一つは、半田さんがおっしゃった、「ハコモノ話に終始するのは違うよね」ということです。確かにミュージアムは施設（ファシリティー）に見えてしまうのですが、本当は機関（インスティテュート）です。コレクションを成長させて価値を共有する機関であるはずです。コレクションは成長することが宿命なので、成長が止まってしまったらおしまいです。未来の利用者に貢献できなくなる。成長をどう受け止めるのか。王道は、ある分野のコレクションが増えたら分けること。総合博物館である県立博物館の事例がわかりやすいですが、１館でいろいろな種類のものを所蔵していて、コレクションが充実してきたら、美術館を造る、自然史博物館を造る、歴史博物館に分けるなど、新しい施設にコレクションを分化していく。別の方策として、大きなミュージアムは分館を造ります。ルーブルはランスに

分館があり、アブダビにも造るという話です。ポンピドゥもメスにもあり、ソウルでも造るらしい。テートギャラリーも、テートブリテンがあり、テートモダンがあり、リバプールにもある。Ｖ＆Ａ（ヴィクトリア・アンド・アルバート）の事例でも、分館を造って発展していく道を採りました。分野による分化と分館の設置がコレクションの正統な成長の仕方なのです。

　共同の収蔵庫を造る事例、公開収蔵庫の事例も今日は紹介されましたが、成長を受け止めることがインスティテュートの宿命です。それがファシリティーの話になると、「いっぱいだからもう集めるのはやめよう」という、施設管理の話になって、行き詰まってしまうということです。

　つまりは、施設単館の話ではなく、自治体や地域の文化資源政策の話にまで持っていかなければ、市民の共感を得ることはできないと思います。たんにハコモノを造る話には、今の世の中では、ほぼ誰も共感しない。そうではなく、みんなの宝を共有するために、ミュージアムだけではなく図書館や劇場ホールなどの施設もあるし、高知の事例のような顕在化していない個人所有や民間の文化財・文化資源もあるので、それを地域の文化資源政策として顕在化させ、共有し、活用するという政策にしたらどうか。

　文化庁でも、文化財保存活用地域計画の策定を促進していて、ここには指定文化財以外の未指定の文化財、いわゆる文化資源を含めています。計画を作るときには、その地域の特色と結びつけて、「こういう文化財があるから活用し、まちづくりや地域づくりに貢献しよう」という、ある種のストーリーをつくることが求められていて、実際に結構な数の自治体が作っています。私は千葉県柏市に住んでいるのですが、ネットで検索したら、いつの間にか地域計画ができていて、それも結構出来がよくて、住民として「ああそうなの、こんなストーリーがあったの」と思えるような文化財があります。より広い文脈の中で、施設からあふれたコレクションをどう捉えていくか、その枠組みで新しい施設が必要だとか、より共有するものが必要だというような組立をしていかないと、誰もぴんと来ないし、振り向いてくれないと感じました。

14　今回のアンケート調査報告書の意義

　✦司会・田中：今回の科研の調査で、膨大なアンケート回答を集計し、

コメントも丁寧に全部拾ってくれたのが石川さんです。全国の博物館、美術館が今抱えている問題が如実に現れている生の声を、法政大学資格課程のホームページで公開していますのでじっくりご覧ください。本当に大変な作業だったと思うのですが、石川さん、編集をしてみて感じたところについて、一言コメントをいただけますでしょうか。

　✚石川：アンケート調査前は、これほど多くの回答を得られると思っていませんでした。想定を上回る結果で、記述回答を含めた回答内容も非常に充実しており、田中さんが「赤裸々にここまで答えてくれるとは」と話していましたが、私もそのように思いました。なお、記述回答は館を特定できない形で公表するというお約束でしたので、一つ一つ丁寧に編集して、皆様に公表させていただきました。

　「かなり前の開館時に集めた資料があるが、由来も内容もはっきりわからないので、手をつけようがない」「過去に被災し、かなり壊れてしまって復元不可能なものだけど、処分の規程がないから残しておかざるを得ない」といった声もありました。50〜60年の間に博物館職員の世代交代も何代か進み、現職の職員にはどうにもできないことだが何とかしたい、と切々と答えてくれたのかなと思っています。不平不満を言っているわけではなく、現状を何とか改善したいから、このように赤裸々に回答してくださったのだと受け止めました。

　処分の規程が今後どのように役立てられると思うかについての記述回答では、そうした本音が示されていると思いますし、今日の議論では触れられなかったテーマですが、コレクションの公開と活用に関する設問に対して、一般の方に自館のコレクションの内容や質が十分に伝わっていないという回答もいくつも見られました。このあたりも議論すべきではないかと思っています。

　先ほど、中尾さんから開館30年以上を経過した博物館が日本の博物館全体の70％を占めているという話がありました。現在、各地のさまざまな施設がリニューアルに取り組み、その機会に収蔵庫の問題も同時に解決しようとしているのも事実です。その中で、オープンストレージ、見せる収蔵庫に取り組む館も、これからリニューアルオープンする宮城県美術館などをはじめ、多く出てくるのではないかと思います。

第6章　パネルディスカッション　博物館の収蔵コレクションの現状と課題を考える

　共同収蔵庫についても、愛知県や神奈川県のように、既に事業として公示され、受託者が決まって前に進み始めている事例もあります。全国には合併の結果、10館ほどの博物館を有している自治体がいくつもありますので、共同収蔵庫の検討も、この1～2年で10件ほど動いていると捉えています。
　こうして局面が変わりつつあるので、今回のアンケート調査の結果をリソースとして活かせれば良いと、科学研究費プロジェクトチームの一員として思っています。
　アンケート調査結果の報告書2頁に調査対象のことを記していますが、今回の計15頁にわたる調査項目、博物館収蔵資料の保管と活用に関する各項目について、全般的に回答できる館に調査協力を求めました。今回は合計500館に調査を行うという前提のもとに、47都道府県の博物館（調査対象館）をプロジェクトチームで選定させていただきました。日博協の「博物館総合調査」に比べるとかなり対象を絞った主要館の調査となっています。
　従いまして、国内の主要な公立博物館における調査結果であるということを理解の上、読み解いていただきたいと思います。2010年以前に開館した施設を選定していることや、現在、収蔵庫対応を含めたリニューアルの設計や施工に取り組んでいる施設は選定していない調査となっています。そのあたりは報告書の2頁をご参照いただいて、それぞれの数値について読み解いていただくことが大切であると思います。

石川貴敏氏

　✦竹内：石川さんからお話のあった調査報告について、感想を交えて少しコメントさせていただきます。コレクション管理の状況は、博物館やコレクションの分野によってもかなり違ってくると思います。今回の対

象館には、美術館もおそらく含まれていると思いますが、一般的に美術館はコレクションの点数で言うと歴史系や自然史系に比べると少ないので、コレクション管理の状況も比較的進んでいると言えるのではないかと思います。コレクションの分野別に集計・分析すると、また違った結果が見えてくるのではないかと思いました。

竹内有理氏

　それから、私の報告の中でも一番強調したかったことですが、収蔵庫の問題を考えるときに、収蔵庫の問題だけではなく、それと併せてコレクション管理の在り方、つまり、どういう方針で管理していくのかという管理の方針や、収集分野と収集方法を明文化したものがないと適切な管理と運用ができないと思います。収蔵庫の問題は、コレクション管理の方針（コレクションポリシー）の作成とそれにもとづくコレクションの適切な管理、そしてコレクションの活用の３つを総合的に考えていかなければ解決できない問題ではないかと強く感じています。

　今回のアンケート調査の中でも、資料の点数、件数が不明だ、点数を出すことができないという回答が非常に多かったようですが、例えば点数、件数をどのように捉えるのかとか、考古系の博物館の場合はコンテナで１件と数えているとか、数え方も館によってばらばらな状況であることを改めて感じました。そのようなことも含め、各館がコレクション管理をどのように行っているのかをもっと情報公開することで、一定のスタンダードをつくっていくことができるのではないかと思います。

　私の報告ではイギリスの事例、取り組みを紹介させていただきましたが、あらゆる分野の博物館に共通の、適用できるコレクション管理のスタンダードが確立されています。コレクション・トラストが開発した「スペク

トラム」がそれにあたりますが、日本の博物館でもそのようなコレクション管理のスタンダードができると、現場でコレクション管理に携わる学芸員の仕事はもっと楽になるのではないかと思いました。

✦司会・田中：今回のアンケート調査の報告書は、今後のコレクション管理や、コレクションをどうしていくべきかの施策にも活かせる基礎データになると思います。今後、いろいろな形で活用されていくことを期待しています。

15　今後の展望と課題

✦司会・田中：最後に私から３つ、総括させていただこうと思います。

１つ目は、コレクション管理の可視化です。これは、見せる収蔵庫、バックヤードツアーのほかに、国立科学博物館のクラウドファンディングがあります。コレクションの維持管理には、こんなにお金がかかるということを広範に問題提起したということでは意味があることだと思っています。今後もどんどん可視化していくことが大事でしょう。

２つ目は、学芸員の専門分業化です。これについても、真剣に議論しないといけないと思いました。アンケート結果にも表れていましたが、学芸員が１人で全てをやるには、もはや限界だと思います。アンケート調査の結果からも、デジタル人材が不足している、マンパワーが不足している、予算不足、学芸員の業務過多、学芸員が兼務している、コレクション管理に時間が割けないといった記述が非常に多くありました。人員が足りないというのは、おそらくどこの会社や組織でも同じだと思いますが、人員の増加が望めないのであれば、博物館機能の見直しをして、特別展や企画展に偏重した事業展開の見直しも必要ではないかなと思っております。

３つ目は、コレクションは誰のものかという根本的・基本的な問いです。コレクションを公開していく、アクセスを高めていくと館内外の利用者全般にとって非常にメリットがあるということを広く発信していく必要があるかと思っています。国立科学博物館のバックヤードツアーでニホンオオカミの剥製を発見したエピソードもそうですが、公開することで生まれるさまざまなメリットを、事例を通じて社会に発信していくことが必要と感じました。

＊

　盛りだくさんの内容で、質疑応答の時間を取れなかったことが残念ですが、以上とさせていただきます。ありがとうございました（拍手）。

第6章　パネルディスカッション　博物館の収蔵コレクションの現状と課題を考える

質 疑 応 答

＊2024年7月16日に「博物館の収蔵コレクションの現状と課題を考える Part2」と題して
オンラインで開催した質疑応答について、参加者からの質問と登壇者の回答についてまとめ
た。内容については、編者によって適宜要約した。

▮Q.1 「学芸員の活動や博物館の活動をもっと市民に公開することは必要ですが、そういったコレクション管理の評価指標はどう設定すべきですか。

A①　数値目標に加えて、モニタリング指標を設定する。（栗原）

　国立科学博物館は独立行政法人なので、中期目標期間を定めています。
5年間、今であれば2021〜2025年度までが目標期間ですが、その期間
でいくつか数値目標を測れるものは達成目標というものを掲げていま
す。その中で「40万点の登録標本・資料数の増加」という目標を掲げ
ていて、今3年目ですが、大体その半分ぐらいは達成している。当館は
購入費予算はあまりないので、基本的には寄贈という形でいろいろな関
係者と連絡を密にしながらコレクションを増やしているというのが現状
です。

　こういう数値目標にそぐわないものについては、達成目標ではなくモ
ニタリング指標を掲げています。例えば論文の執筆状況が各研究に平均
何件、学会発表が何件、新種の記載状況は何件、あるいは科研費を獲得
しているのはどれぐらいなのか、そういったものはなかなか数値目標と
しては挙げにくいので、モニタリング指標ということで毎年毎年その数
値を掲げて、どういう形で進捗しているかをチェックする。それをもっ
て総合的に評価をするという形でやっています。予算が確保できない状
況では、達成すべき目標というよりもそういったモニタリング指標とい
う形でチェックをしていくというやり方もあるのではないでしょうか。

A②　評価へのコレクション管理の項目を組み入れが必要。（金山）

　そのことについては、私の報告でも少し触れました。設置者（自治体）

が実施する博物館評価の評価項目の中にコレクション管理に関する項目が有る館と、無い館があります。無い館では、展覧会や教育普及、イベント、サービスに対する顧客満足度などが主な評価対象になっており、コレクション管理に関する業務は優先度が低くなっています。一方、そうした項目を評価項目に位置づけている館もあります。東京都の博物館や美術館は、その辺のところを組み込んでいますが、やはり展覧会とかイベント、サービス、顧客満足度、入館者数などに評価のウェイトが置かれているので、もう少しバランスをとる余地が残されていると思います。

　少なくともコレクション管理に関する項目が組み込まれていれば、設置者や博物館はコレクション管理に目配りした運営をするようになります。評価項目にコレクション管理に関する項目が全く無いところは、関連する項目を組み入れることが課題になると思います。そうすることにより、コレクション管理業務が正当な業務だと見做されていくようになるだろうと思います。

A③　博物館の設置者に、コレクション管理指標の重要性を周知する。(佐々木)

　本来は、誰が何のために評価するかというところを明確にしなければいけない。公立博物館の場合、直営だろうが指定管理であろうが収蔵品をきちんと管理し公開していくというのは設置者が現場に求めることなので、設置者のリテラシーが低いと、ちゃんとやってくださいという事柄に入っていかないということになってしまう。

　だから、それはいかんともしがたいようなところがあります。設置者のリテラシーをどう高めるかみたいな話になって、現場からなかなか言いづらい面があるのですが、1つは法律とか、指定管理だと設置者がつくる基準などがあるので、それをよりどころに今これは大事なのだろうという合意を取るのが1つと、もう1つは日博協のようなところが設置者向けにこういったところをきちんと押さえたバランスのある評価項目、評価指標をつくっていったらどうかというのを、改めてきちんとアナウンスして、業界標準を設置者に伝えるということも併せてやっていく必要があるのかなと考えています。

第6章　パネルディスカッション　博物館の収蔵コレクションの現状と課題を考える

Q.2

共同収蔵庫の建設と導入について、どう考えるべきでしょうか。単独で収蔵庫を増設していくのは難しいので、複数館をまたがるような共同収蔵庫というか共通収蔵庫のようなものの設置を検討しています。それを考えるに当たって、共同収蔵庫（呼び方は共通収蔵庫かどうかわかりませんが）を整備するメリットやデメリットは何かあるのでしょうか

A① 共同収蔵庫と見せる収蔵庫のメリットは民主化、デメリットは光線被爆。
（中尾）

　共同収蔵庫と見える収蔵庫については、シンポジウム当日に私のほうでもお示ししたところがあったと思うのですが、やはりそれぞれメリット、デメリットはあるかと思っています。共同収蔵庫のメリットとしては、保存や管理ノウハウが共有されていくとか、スペースや資料管理の効率化、建設と維持コストの軽減、また、相互利用による新しい資料価値の発見、こういった部分も博物館的には非常に大きいのかなと思っています。一方で、具体的な検討では、それを誰が建てるのだというのが問題になってくるかと思っています。最近、愛知県が共同収蔵庫を建てるという報道に接しましたが、結局これも県の博物館を束ねるものであって、県内の市町村まで含めた計画ではなかったかと思います。

　結局のところ、自治体というのはそれぞれ独立経営されていますので、その自治体の枠を越えてやっていくとなったときには、費用負担の部分などの調整が必要になってきます。なので、ここは非常に難しいのではないかなと思っています。管理・維持の予算と体制をどのように取っていくのかとか、収蔵計画と方針の調整をどうするのか、また、複数の博物館を出入りしますので、セキュリティーの懸念も生まれてくるでしょう。メリットもあるがデメリットや新たな懸念も生まれてくる。こういった部分があるので、共同収蔵庫といっても夢のような解決策では当然なくて、丁寧で地道な調整や議論を進めないと実現しないものなのかなと思っています。

　見える収蔵庫のほうも、新しい収蔵庫の形としてご紹介しましたが、これも別に何もかも解決する完璧な収蔵庫というわけではありません。

146

見えることによって資料が公共化（民主化）されていくというメリット
等もありますが、本来暗い収蔵庫のなかで安定的に保管されるはずの資
料が光にさらされる（光線被爆する）ことになります。シンポジウムでご
紹介した、兵庫県立人と自然の博物館の事例でも、標本群の日焼けとい
う現実とのジレンマに悩んでいらっしゃいます。その辺りに関しては、
2023 年 12 月号『博物館研究』で同館の高野さんが丁寧に報告されてい
たかと思います。新しい収蔵庫として、さまざまな形を検討していくこ
とは必要ですが、いい部分、悪い部分がありますので、両側面をしっか
り考えていくというのが必要になってくるのかなと思います。

＊

✦進行役・田中：中尾さん、ありがとうございました。いい面、悪い面あ
りますし、自治体の縦割りというか、そういった枠も越えなくてはいけない
とさまざまな課題があると思いますので、共同収蔵庫で全て解決というわけ
ではどうやらなさそうだということですね。共同収蔵庫とか共通収蔵庫、先
ほど東京都の例でも少し言及がありましたし、佐々木さんも発表の中で少し
事例報告をされていましたが、その辺りはいかがですか。

Ａ②　収蔵庫の共通化をすることで管理や活用の効率化が可能。（佐々木）

　　中尾さんが示されたとおり、やはり管理コストとか、共通化すること
で活用が進むのではないかというようなメリットを見出したいなという
ことで、本当にそうかというのはしっかりエビデンスなりを示さなけれ
ばいかんのかなと思います。

　　体制的には、都立美術館・博物館はそれなりの規模がありますが、全
館にコンサバターを置けるというところまではいかないわけです。なの
で、そういった共通で管理するような仕組みができれば、コンサバター
がいるとかレジストラーがいる、また、活用に資するような取り組みを
していく、デジタル化もそこで促進するようなことがスケールメリット
として見出していけたらと考えていて、我々現場からもきちんと調査し
提案しなければいけないという認識でおります。

＊

✦進行役・田中：佐々木さん、ありがとうございます。複数の館の収蔵

第6章　パネルディスカッション　博物館の収蔵コレクションの現状と課題を考える

資料が1か所に集まるとさまざまな問題が起きてくると思うのですが、高知県の岡本さん、そういった面でさまざまな資料がたくさん入ってきて、収蔵庫がかなり飽和状態にあるということをご発表いただいたと思います。この辺りいかがでしょうか。

A③　津波被害などの自然災害から文化財を守る共通収蔵庫構想もある。（岡本）

　東日本大震災が発生した後に県会議員の方から、表立ってではないのですが、どこかに南海トラフの地震・津波から被害を受けない場所に共通収蔵庫を造ったらどうだろうということを指摘する方がいました。そのことは今でもおっしゃっています。やはり高知県の場合は、高知市内の県立美術館（収蔵庫は3階に設置）、わんぱーくこうち・アニマルランド、市立自由民権記念館などは津波の被害の可能性がある場所に立地しています。唯一高いところにあるのが県立牧野植物園、当館と坂本龍馬記念館です。ちなみに高知城歴史博物館は津波が想定されていない3階に収蔵庫を設置していますが、新聞報道を見ると港湾のプラント施設から津波でオイルが流れてきて、周辺に溜まって火災が起こるのではないかという想定もされています。そういうことを考えると緊急的には共通収蔵庫が存在した方が、多くの人命や文化財を守れるのではないかという考えを持っている方もいらっしゃいます。

Q.3
収蔵庫建設に補助金を活用できないか。共同収蔵庫もしくは共通収蔵庫を建てる、建てない云々も、もちろん収蔵庫の増設はかなりコストもかかりますので、そういったところで国庫の補助とか補助金などを利用できるとありがたい。

A①　補助金を活用した収蔵庫の事例はある。（金山）

　さきほど中尾さんから埋蔵文化財に関する説明がありました。福岡県の九州歴史資料館は、博物館に埋蔵文化財センターを併設しています。埋文センターには大規模な収蔵庫があり資料整理も行き届いています。倉庫の中にはフォークリフトが配備されています。フォークリフトを用いて埋文資料の出し入れをしています。先ほどのイギリスのバーミン

ガム博物館の収蔵庫で見たことがありましたが、国内博物館の収蔵庫に
フォークリフトを配備しているのを初めて見ました。

　この埋文センターの収蔵庫は、新館建設時に埋文関係の補助金を充て
整備することができたと聞きました。これはとてもありがたかったとい
います。博物館の収蔵庫も整備されていますが、規模から言うと埋文セ
ンターの規模の方が大きいようです。

　一方、博物館にはそのような補助金はありません。文化庁には是非と
も博物館についても収蔵施設や設備、資料整理のための人件費の手当て
などを、埋文と同等までいかなくても、補助金を確保していただきたい。
ただ文化庁に「やってください」というだけでは虫が良すぎるならば、
博物館関係者あるいは設置者も含めて文化庁を応援する体制を整備する
ことも求められると思います。

A② 　地方自治体のスタンスの問題もある。財源には限りがある。（中尾）

　非常に頭の痛い話ではあると思っています。そもそも論の話をしま
すと、博物館の設置に関する費用補助、施設に関しての費用というの
が 1998 年から一般財源化されているのですね。こちらに関しては、道
府県に対して地方財政措置という形で、人口単位で計算（170 万人あたり）
されて交付されています。ただし、一般財源ということは、それをどの
ように使うかは自治体の裁量になっていますので、ここに関しては地方
分権のもと、国からはなかなか物を申せないというのが大きい。あわせ
て国としては博物館の設置運営に関しては、地方財政措置のなかで手当
て（交付）している形となっているため、文化庁としてもハードの整備
にはなかなか費用を出しにくいという部分が現実としてあります。また、
単純に財源の部分で見ても、これも公開されている情報ですので皆さん
ご存じかと思いますが、文化庁の予算は大体年間 1,000 億円ぐらいです。
その中で文化財保護にかかるお金が 6 割ぐらいを占めます。残りの部分
もさまざまな芸術活動の支援や振興に使われており、博物館に割けるお
金というのはそれほど大きくありません。

　例えば、見える収蔵庫である兵庫県立人と自然の博物館の話をしまし
た。こちらの建設事業費にはやはり 10 億円ぐらいかかったようです。

第6章 パネルディスカッション 博物館の収蔵コレクションの現状と課題を考える

収蔵庫への補助という話になれば、予算規模は大きくなり、やはり財源がないというのは現実としてあるかと思っています。そうした部分で、同館は文化庁のお金ではなくて内閣府の地方創生のお金を使っています。開かれた収蔵庫を核として、市民が普段の生活の中で文化や学術、自然資源に触れることができる、そういった地方をつくりたい、街をつくりたいという部分で、地方創生のお金を活用したという形になります。

なので、収蔵庫を建てるというのは、その機能も含めて非常に大きな話にもなってくる。博物館の収集資料を単純に倉庫のような形で押し込めて管理すればいいという話ではなくなってきているということですね。さっき北海道大会の話で、これからは収蔵庫の時代だと。それはやはり収蔵庫という存在自体をどう考えていくのかという部分にもつながってくるかと思っています。博物館単体の活動から視野を広げ、街や社会のなかでの博物館とその資料の価値や意義、地域の課題解決や活性化という活動を考えることにもつながっているのかなとも思っています。

＊

✦進行役・田中：今の補助金については文化庁の予算としては「ない袖は振れない」ということですが、国全体の予算としてどこの予算をどう活用するかという視点もあるのですね。先ほどの兵庫県立人と自然の博物館のコレクショナリウムは内閣府の補助金だったということや、金山先生から九州歴史資料館は埋文関係の補助金で収蔵庫を整備するなど多様なリソースがあることに気づきました。

あとは、設置者をいかに巻き込んでそういったところに目を向けてもらうかというのも非常に大事なのではないでしょうか。お金の話になると途端になかなか難しいのですが、本当にパイの奪い合いというか、決まったパイはあって、それをどこに振り向けていくのかは各自治体で議論してもらいたいですね。

A③　国や自治体の文化政策として大きく捉える視点が必要。（半田）

日博協にはお金はありませんが、思うに、佐々木さんがさっき地域ごとの政策が博物館行政の博物館政策だけではなくて地域全体の文化政策の中

で考えられていく仕組みが必要だとおっしゃったのですが、私は最近もう少し広く、まずは全体の文化政策で見るという視点がすごく大事だなと思います。地域全体の総合政策の中で、例えば博物館がどういう役に立っているのかとかいうところを含めて、地域の文化資源が地域の将来にどう役に立つのかという視点で、地域全体の財布の振り分け方を考えていく。私が少し関わっている地方の資料館もそうですが、中尾さんがおっしゃるように文化庁も頑張ってはくださっているが、各国の文化に投入できる文化予算をみると日本はまだ 0.1％ ぐらいだと思うのです。

　最近韓国がすごく伸びているという話もありますよね。それというのは、やはり博物館単体の政策として物事を考えているのではなくて、ひいては国全体の国家政策として文化をどう位置づけるのかというところに結びつく問題になっているということです。その辺余り文化庁だけにおねだりしていても未来は明るくないなと私は思っていて、北海道の二風谷なども、国交省などを含めて地域政策で地域づくりに使えるお金を獲得したものを、首長以下の行政の理解の下に博物館にも投資するという形で進められています。具体的に箱物だけつくるというのではなくて、その博物館の持っている資料をどのように保管して地域住民の将来のために活用していくのかというところがうまくマッチすると、博物館も良い方向に動くという事例は、探していくと結構日本の基礎自治体の中でもあると思うのですよね。

　だから、そういったところは、やはりこういう博物館業界、日博協もそうですが―日博協もという言い方はちょっと控えめかな。日博協をはじめとしてという言い方をしたほうがいいのかもしれませんが、業界の中からそういう世論を形成していくという動きをもうちょっと活性化していく必要があるかなと思います。その先にお金の調達の道筋も、少しずつ見えてくるという取り組みを具体的に始める必要があると思いました。

＊

✦進行役・田中：地域に住んでいる方からの理解を得るところから始めていく必要があると思いますが、理解を得られないとそんなところに金を出すのかという話にもなりますので、その辺りいかにコミュニケーションを取っていくかというところは非常に大きな課題とは思っております。

151

第6章 パネルディスカッション 博物館の収蔵コレクションの現状と課題を考える

Q.4

アンケートの前提として、提出されたデータが館の公式見解としてオーソライズされたものなのか、あるいは学芸員個人の見解としての回答なのか、教えてください。また、この回答結果はふだんから各館が数値化して保有していたデータなのでしょうか。それから、この結果を公開してもよいものでしょうか。この結果を出すことでかえって悪い評価を自治体から受けてしまいかねないか、この点についてはいかがでしょうか。

A① **本アンケートは公開を前提にお願いしています。（石川）**

アンケート調査を担当した石川です。ご質問ありがとうございました。まず、このアンケート調査につきましては、依頼状と調査票にこの調査結果を成果として取りまとめて公表する予定である、と事前に明記いたしました。従いまして、調査結果を公表することを前提に回答いただいたものになっています。ただし、調査期間中のレファレンスも私が担当したのですが、館の特定につながらないよう公表に際しては十分配慮してほしい、館が特定されない形で公表してほしいという声をいくつも寄せていただきましたので、報告書の作成をはじめ、調査結果の公表に際しては、この点にしっかり留意して対応しました。

また、合計15頁にわたる設問でしたので、一人では答えられない設問もあるでしょうから、複数の方で答えていただいて構わないと記しました。ご回答いただいた館の中には、館を代表して回答しますとか、館としてオーソライズしたものですと記していただいた方もいましたが、全ての回答がそのように記して送っているということではありません。

Q.5

栃木県立博物館の収集方針の中で民俗の部門はかなり具体的に内容を決めている、例えば、昭和初期など時代を設定して収集方針を決めているようですが、時代を区切った理由を教えてほしい。

A 時代を限定するのではなく、幅広く収集することを意識。（篠﨑）

具体的には栃木県の特徴のある特産物であったり産業であったり、そ

のようなことが書かれていますが、いろいろな角度から捉えられるように、その辺りのところを意識しています。ですから、時代的なところも含め広く収集できるようにしています。

Q.6 除籍・処分や廃棄については慎重になるべきではないかという意見もありますが、いかがでしょうか。

A ① 活用が見込めない資料は用途転換（転用）も必要。（中尾）

いろいろな博物館を周って仕事をする立場の中で、収蔵庫や資料のことについてもお話を伺うことがあります。例えば自然系の博物館ですと、標本を調査研究など学術資源等に活用していこうと思うと、採集地の情報など、やはり標本にまつわるデータがしっかりそろっていないといけないわけですよね。そこに関して、非常に古い段階で集められた標本で、そうしたデータが備わっていないものや、また、例えば虫害を受けて保存状態が悪くなっているものについては、わりと標本の廃棄、また、用途転換といったこともまま行われますよという話は聞いています。

また、民具なども同じです。それこそ昔集めていた民具がどこから来たものなのか、誰から寄贈されたのかもわからないものがたくさんあって、民具としての標本的価値が十分にない、学術資料として使いにくいという状態にあるものもたくさんあります。これらに関しては、もちろん廃棄や譲渡もあるのですが、体験活動用の資料に使ったりする例も多いですね。こういった用途転換も含めた除籍（所蔵資料として安定的に保管すべき資料のリスト（目録・台帳）から外す）というのは、わりと博物館現場ではそれほど抵抗なくというか、抵抗はあるのでしょうが、やっているところもあったわけですね。ただ、博物館の使命とか理念の中で、どうしても資料を未来永劫守っていくのだという部分が非常に強い中で、そういった除籍をしていることに関しては、あえて公表しないということが多くあったのではないかなとも思っています。

今後のコレクションの充実を目的とした、コレクション管理を考えていった際には当然ながら今のような整理がまず第一に来ると思うのですね。ここに関しても皆さんは除籍はすべきではないと思っているのかど

153

第6章　パネルディスカッション　博物館の収蔵コレクションの現状と課題を考える

うかという部分、資料的価値が十分でない、学術的価値が備わっていないものに関してまでも除籍という部分が認めがたいものだと感じていらっしゃるのかどうか伺えたらなと思っています。

A②　除籍・処分を行うにはルール（規程）の整備が前提。（金山）

　博物館の性格によっていろいろと違うと思います。そこはわきまえておくことが必要だと思います。先ほど田中さんから、アンケート調査の結果、意外に処分を実施した例が多いということでした。たしか30％ほどですか、予想外の数字でした。それに関連して言うと、処分に関する規程はほとんどつくられていませんでした(7％)。ですが、規程をつくったほうが良いと思っている館が60％近くに及びます。それだけ処分については、問題意識が高いことがわかります。ただ、規程をつくるためには、その基本となる標準書がやはり必要になります。

　そのベースになるようなものは、先ほど竹内さんが説明していましたし、私も報告でイギリスの「スペクトラム」のことを話題にしたように、何か基準になるようなものを示していくことが必要です。館ごとに自己流でつくると誤りが生じることも懸念されます。標準書を作成した上で、各館の状況、事情に合わせて除籍・処分の取扱いを定めていくことになる。今後、持続可能な博物館を保証していくためには、コレクション管理にとって除籍・処分は避けることができないと思っております。もちろん、そのためには、きちっと必要な手続きを踏むということが不可欠です。今後、いろいろとデータを集めて議論していく必要はあるとは思います。

＊

＋司会進行・田中：移管とか他館と交換する、あるいは教育資料に回すなど、そういうのも含めて一応処分をしたことがありますかということで、33.4％、105館から「ある」という回答がありましたということです。こういった除籍・処分問題というのはもちろん大切な視点ではあるのですが、おそらくこれ単体だけでも1つのシンポジウムのテーマになるかなぐらいのものですので、今後さらにこの辺りは議論を深めていければと考えています。

Q.7 理想的な収蔵庫のキャパシティについて、理想的な収蔵率は何％ぐらいでしょうか？

A① 経験では、収蔵庫の半分以上は空いている状態が理想。（岡本）

　緊急避難の仏像や企画展の仏像等の美術工芸品を収蔵した私の経験からすると、半分ぐらいは空いていればよいかと思います。高知県立歴史民俗資料館の場合、民俗・歴史資料（考古学史資料含む）が多く寄贈されてくると思われます。重要文化財や県指定文化財等を所蔵する建物の修理や建て替えの時、移動する施設がない場合は、緊急で1年2年作品を預かってくださいとなると必ず引き受けることになります。50％ぐらいは空いていないと、何かの時に対応ができないと思っています。

A② 収蔵品を安全に棚から取り出せる空間も含めて考える必要。（篠﨑）

　収蔵庫の建設にあたり、丹青研究所に現在の収蔵庫の状況を調査していただきました。そのなかで収蔵率も算出してもらいました。もし100％だとすると、ある程度取り回しスペース、収蔵品を出せる空間も含めてのパーセンテージ＝収蔵率ではないかなと思います。収蔵率100％といった場合は、ある程度の収蔵品が間隔を持って棚に収められていて、かつ外に出せる状況、それが100％ということだと思います。理想的な形としては、収蔵品を自由に取り出せる空間があり、かつある一定の間隔で、一定の間隔といっても出すときに傷つかない範囲というか触れない範囲ということになりますが、そういったものが確保されていることが重要と思います。

　先ほど新収蔵庫を建てる前の民俗収蔵庫の収蔵率は200％ぐらいと言いましたが、それは廊下まで収蔵品があふれていて、つまり取り回しスペースが全くないような状態です。収蔵品を出すに当たっては昔のゲームの「倉庫番」ではないですが、資料を一回外に出してから奥のほうの資料を取り出すような状態だった、というのが新収蔵庫を建てる以前の栃木県立博物館の姿です。

第6章　パネルディスカッション　博物館の収蔵コレクションの現状と課題を考える

A ③　理想は 50％空いている状態だが、結局予算との兼ね合い。（栗原）

　大抵収蔵庫をつくるときに業者さんと相談して、現在の収蔵件数と過去のトレンド、今後どういう形で増えていくのかを計算して、あとは大事なのは予算と相談しながら決めていくという形になります。私が今関わっている新しい博物館をつくるところでは、過去のトレンドを鑑みて最低 10 年間ぐらいで満杯になるぐらいのスペースを確保しようという感じで考えるところが多いです。

　ただ、何度も言いますが、予算との関係なので、そうは言いながらも理想どおりに建てられない場合がある。理想的には 50％ぐらいであるが、いずれはそれだって埋まります。ずっと空いていることはありません。では 10 年後に満杯になったら次にどうするのか、そういうことも考えていくことも大事なのではないかなと思っています。

A ④　収蔵庫の中で物（資料）が見える状態が活用できることを意味する。（金山）

　ただいま栗原さんは 10 年とおっしゃいましたが、篠﨑さんは栃木県立博物館では収蔵庫は 30 年というお話でした。同館の前学芸部長の林光武さんと最近お話しする機会がありましたが、林さんは収蔵庫の中に入って資料が見える状態でなければ、それは活用できる収蔵庫ではないと言われた。それを聞いて、「なるほど」と思いました。本日、林さんが会場にいらっしゃいますが、もし一言補足いただければ幸いです。いかがでしょうか。

A ⑤　資料の増加率を鑑み、必要な面積を積算して計画。

　　　（林光武：前栃木県立博物館学芸部長）

　ご質問は理想の収蔵率という話でしたが、博物館の資料は程度の差こそあれ次第に増えていくわけですから、固定した理想的な収蔵率というものがあるわけではないと思います。収蔵庫がいっぱいになりそうだから、あるいはいっぱいだから新しい収蔵スペースを確保したいと、管理者、設置者に対して説明していくというのが現実的な段取りなわけです。その際には、先ほど栗原さんがおっしゃったように、何年間の博物館活動の結果である資料を収蔵できる場所を確保したい、それには過去の増

156

加率から考えてこの程度の収蔵スペースが絶対必要ですよと、そういう説明の仕方をしていくことになるわけで、栃木県立博物館もそのような説明をしていったわけです。

30年というのはいろいろな事情で出てきた数字ですが、まず30年を設定し、栃木県立博物館設立以来の資料の増加を年報の記録などを検討しながら過去の増加率として算出し、そして、将来的な増加率を見積もります。民俗資料はここ数年で大量に増える可能性があるから少し増やし、自然史系資料もかつてはなかったレッドリスト関係の調査の収集品が入るようになっているから、その点も見込まなければいけないなどの理屈づけをしながら将来的な必要面積を算出しました。そして30年もつためには何平米必要というのを示して交渉したわけです。

Q.8 収蔵単位は、本来であれば100年単位というような長期的なスパンで考えていかなければいけないのではないか

A　建造物の鉄筋コンクリート寿命を考え、65年博物館活動を支える収蔵庫が必要とした。（林：前栃木県立博物館学芸部長）

現実に収蔵庫がいっぱいの中で収蔵庫を増設する際、何年間と設定するかについては、当然長めな数字を出したいわけです。5年とか10年とかそれこそ100年とかいくらでも言えますが、説明する根拠が必要です。そこで、全く別な視点ですが、建造物の長寿命化計画というのがありまして、鉄筋コンクリート造の建物の耐用年数を65年とする算定です。栃木県立博物館設立が1982年なので、65年ということは2047年まで栃木県立博物館は建物としてもたせなければいけないのです。もちろん途中で移転などはあり得るかもしれませんが、本館がそこにある以上2047年までの博物館活動を支える収蔵庫が必要ですよという説明をしたわけです。それ以上長い年数を設定できる根拠がなく、30年と設定いたしました。

157

付録

博物館収蔵資料の保管と活用に向けた調査研究
公立博物館アンケート調査結果〔報告書より一部抜粋〕

調査概要

本書「博物館のコレクション管理状況について―公立博物館アンケート調査結果より―」石川貴敏（本書16頁）参照

＊本アンケートは調査結果の公表を前提に回答していただいた。アンケート調査結果は集計したうえで回答施設（名）が特定できない形で掲載した。
＊付録掲載項目は、主に報告書の「②コレクションの管理に関する設問」より抜粋した。
＊構成比は小数点以下第2位を四捨五入しているため、設問によっては、合計して必ずしも100にならないものがある。

01

回答館の基本情報：地方別回答館数（n=317）

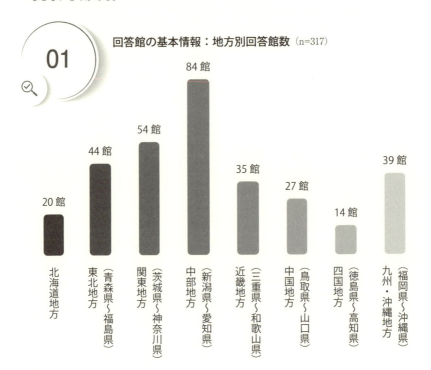

北海道地方	20館
東北地方（青森県〜福島県）	44館
関東地方（茨城県〜神奈川県）	54館
中部地方（新潟県〜愛知県）	84館
近畿地方（三重県〜和歌山県）	35館
中国地方（鳥取県〜山口県）	27館
四国地方（徳島県〜高知県）	14館
九州・沖縄地方（福岡県〜沖縄県）	39館

158

02 回答館の基本情報：回答館の開館年月 (n=317)

1990年代に開館した施設が最も多い

＊2010年以前に開館した施設を選定。

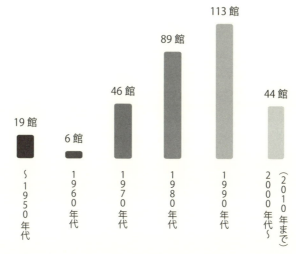

03 回答館の基本情報：指定管理者制度の導入 (n=317)

指定管理者制度を導入していない館が回答全体の4分の3以上

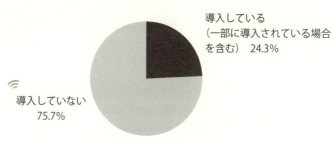

04 回答館の基本情報：
館と同一敷地内における収蔵施設（収蔵庫）の面積 (n=304)

館内の収蔵施設（収蔵庫）の面積（合計値）は、平均値640㎡、中央値370.5㎡

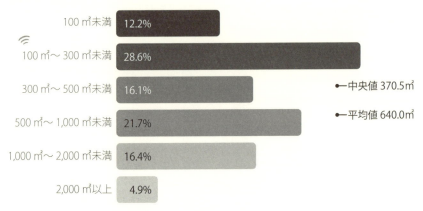

100 ㎡未満	12.2%
100 ㎡〜 300 ㎡未満	28.6%
300 ㎡〜 500 ㎡未満	16.1%
500 ㎡〜 1,000 ㎡未満	21.7%
1,000 ㎡〜 2,000 ㎡未満	16.4%
2,000 ㎡以上	4.9%

―中央値 370.5㎡
―平均値 640.0㎡

05 回答館の基本情報：
館の外部（敷地外）にある収蔵施設（収蔵庫）の面積 (n=93)

館外の収蔵施設（収蔵庫）の面積（合計値）は、平均値883.1㎡、中央値530㎡

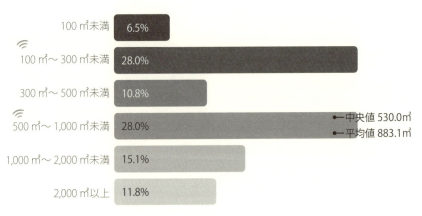

100 ㎡未満	6.5%
100 ㎡〜 300 ㎡未満	28.0%
300 ㎡〜 500 ㎡未満	10.8%
500 ㎡〜 1,000 ㎡未満	28.0%
1,000 ㎡〜 2,000 ㎡未満	15.1%
2,000 ㎡以上	11.8%

―中央値 530.0㎡
―平均値 883.1㎡

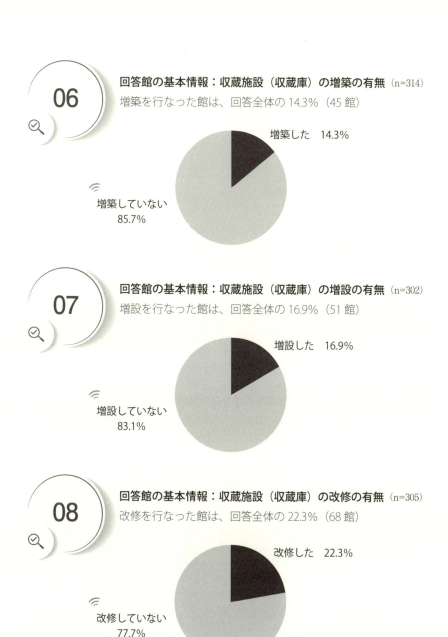

06 回答館の基本情報：収蔵施設（収蔵庫）の増築の有無 (n=314)
増築を行なった館は、回答全体の 14.3%（45 館）

- 増築した 14.3%
- 増築していない 85.7%

07 回答館の基本情報：収蔵施設（収蔵庫）の増設の有無 (n=302)
増設を行なった館は、回答全体の 16.9%（51 館）

- 増設した 16.9%
- 増設していない 83.1%

08 回答館の基本情報：収蔵施設（収蔵庫）の改修の有無 (n=305)
改修を行なった館は、回答全体の 22.3%（68 館）

- 改修した 22.3%
- 改修していない 77.7%

コメント＋（プラス）

増築・増設・改修の実施年代については、いずれも「1990 年代」と「2000 年代～」が多く、増築では全体の 75%、増設では同 95.7%、改修では同 95.3% を占める。

付録　博物館収蔵資料の保管と活用に向けた調査研究　公立博物館アンケート調査結果

09　資料の登録・管理を担当する職員の有無 (n=315)

「資料の登録・管理を担当する職員」がいると回答した館（289館）は全体の91.7%

コメント＋（プラス）

「資料の登録・管理を担当する職員」はどのような人であるかについて、最も多く回答が寄せられたのは「学芸員が兼務」（している）で全体の92.4％。

10　収蔵資料の登録・管理業務の状況 (n=313)

全体の半数以上の館（176館）が「不定期に行なっている」と回答

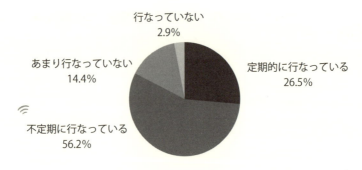

162

未整理資料の有無（n=313）
未整理資料があると回答した館（235館）は、全体の4分の3（75.1%）

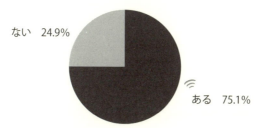

ない　24.9%
ある　75.1%

未整理資料の割合（n=202；前項で「ある」と回答した館）
未整理資料が収蔵資料全体に占める割合。収蔵資料全体の「10%未満」「10%〜20%未満」と回答した館（102館）は、全体の半数以上（50.5%）で、平均値は22.1%、中央値は15.0%

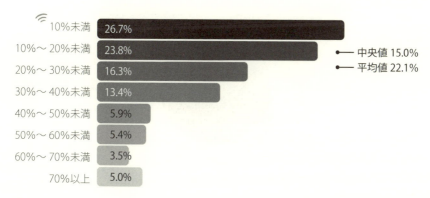

区分	割合
10%未満	26.7%
10%〜20%未満	23.8%
20%〜30%未満	16.3%
30%〜40%未満	13.4%
40%〜50%未満	5.9%
50%〜60%未満	5.4%
60%〜70%未満	3.5%
70%以上	5.0%

中央値 15.0%
平均値 22.1%

13 収蔵資料の登録・管理に関する手順の明文化 (n=311)

全体の4分の3以上の館（236館）は明文化していない

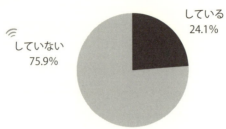

している 24.1%
していない 75.9%

コメント＋

手順の策定時期については、「2000年代」に策定したと回答した館（36館）が、回答全体（67館）の半数以上（53.7%）。

14 コレクション管理に関する文書の有無 (n=313)

コレクション管理に関する文書について「ある（すべてある）」「一部ある」と回答した館（183館）は、全体の半数以上（58.5%）

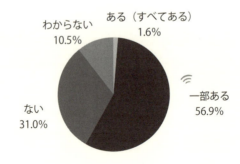

ある（すべてある） 1.6%
一部ある 56.9%
ない 31.0%
わからない 10.5%

コメント＋

全体の3割の館がコレクション管理に関する文書は「ない」と回答し、全体の1割の館がコレクション管理に関する文書があるか「わからない」と回答。コレクション管理に関する文書（コレクションの取得、受け入れ、登録、目録作成、収蔵管理、公開・活用、処分など、収蔵資料全般について明文化した文書）が「すべてある」と回答した館は5館。

コレクション管理に関する文書による体系的な資料の収集・管理
(n=175；前項で「ある（すべてある）」「一部ある」と回答した館)

コレクション管理に関する文書による体系的な資料の収集・管理を行なっていると回答した館（142館）は、全体の8割強（81.1%）

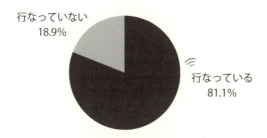

コメント＋（プラス）

コレクション管理に関する文書の有無について「ない」と回答した館（97館）に、何を判断基準にしてコレクション管理を行なってきたかについて尋ねた結果、86館から回答を得ることができた。回答を通覧すると、「責任者や学芸員、担当者の判断」、「引継ぎ・慣習による判断」、「資料の価値や特性に基づいた判断」、「委員会・委員による判断」、「（コレクション管理に関する文書に）類する資料や館内の方針に基づいた判断」、「収蔵品台帳・データベースの項目など」、「館の状況に応じて判断」、「行政の指針・行政などとの協議による判断」が行なわれていることがわかった。

収蔵品管理システムの使用（n=314）

収蔵品管理システムを使っていると回答した館（214館）は、全体の7割程度（68.2%）

収蔵品管理システムの担当職員の有無 (n=311)

担当職員が「いる」と回答した館（187 館）は全体の 60.1%

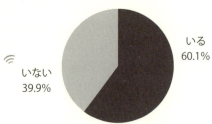

いる 60.1%
いない 39.9%

コメント＋

「収蔵品管理システムを担当する職員」はどのような人であるかを尋ねたところ、最も多く回答が寄せられたのは「学芸員が兼務している」であり、全体の 89.2% に該当する館（166 館）が回答した。

館内の収蔵施設（収蔵庫）の使用率 (n=315)

「9 割以上」が最も多く、次に多い「収蔵施設（収蔵庫）に入りきらない資料がある」を合わせると、全体の 4 分の 3

3 割未満	0.3%
3 割以上、5 割未満	0.3%
5 割以上、7 割未満	1.6%
7 割以上、9 割未満	22.9%
9 割以上（ほぼ、満杯の状態）	41.6%
収蔵施設（収蔵庫）に入りきらない資料がある	33.3%

19 館外の収蔵施設（収蔵庫）の有無 (n=314)

館外に収蔵施設（収蔵庫）を有していると回答した館（125館）は、全体の約4割

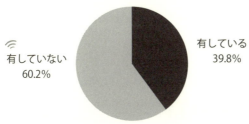

有していない 60.2%
有している 39.8%

コメント＋

どのような施設かについては、「他の公共施設（旧博物館・資料館などを含む）を活用・転用」していると回答した館（71館）が最も多く、回答率は56.8%を示した。次いで、「廃校（旧校舎）を活用・転用」していると回答した館（64館・回答率51.2%）が多い。

20 館外の収蔵施設（収蔵庫）の使用率

(n=124；前項で「有している」と回答した館)

「9割以上」が最も多く、「収蔵施設（収蔵庫）に入りきらない資料がある」を合わせると、全体の46.8%（58館）

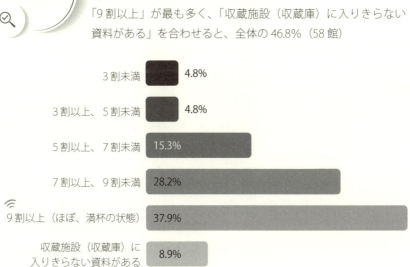

- 3割未満　4.8%
- 3割以上、5割未満　4.8%
- 5割以上、7割未満　15.3%
- 7割以上、9割未満　28.2%
- 9割以上（ほぼ、満杯の状態）　37.9%
- 収蔵施設（収蔵庫）に入りきらない資料がある　8.9%

付録　博物館収蔵資料の保管と活用に向けた調査研究　公立博物館アンケート調査結果

21 自館の資料だけでなく、周辺の館の資料を収蔵する構想や計画（共同収蔵庫、ネットワーク事業）の有無（n=313）

周辺の館の資料を収蔵する構想や計画（共同収蔵庫、ネットワーク事業）が「ない」と回答した館は全体の 95.2%

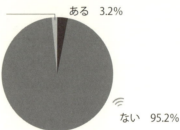

既に取り組んでいる（設計段階・施工段階）もしくは既に取り組んだ（整備完了）　1.6%

ある　3.2%

ない　95.2%

22 資料購入予算（2021 年度：前年度）（n=312）

最も多かったのは、（資料購入）「予算はなかった」と回答した館（182 館）であり、回答全体の 58.3%

区分	割合
予算はなかった	58.3%
10 万円未満	5.1%
10 万円以上、50 万円未満	12.2%
50 万円以上、100 万円未満	4.8%
100 万円以上、500 万円未満	12.2%
500 万円以上、1000 万円未満	2.2%
1000 万円以上、3000 万円未満	2.9%
3000 万円以上、5000 万円未満	1.0%
5000 万円以上、1 億円未満	0.3%
1 億円以上	1.0%

23 収蔵資料の処分（実施）の有無 (n=314)

収蔵資料の処分（廃棄、移管、他館への寄贈、売却、教育資料にまわすなど）を行なったことが「ある」と回答した館（105館）は、全体の3分の1程度

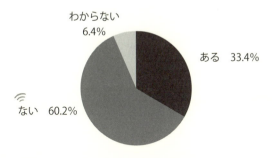

わからない 6.4%
ある 33.4%
ない 60.2%

コメント＋

収蔵資料を処分しないもしくは処分できない理由については、「収蔵資料の処分に関する規程がない」、「処分に関する要領、方針などが未整備のため」、「処分に関する規程などが現状存在しないため、基準や手続きに関して十分な議論・検討の過程を経て整備される必要があると考えるため」などの回答が寄せられた。また、「所蔵品は県民全体の財産であるから、保管することが困難な程の損傷劣化がない限りは未来永劫保管し、活用する責務がある」、「資料収集方針を策定し、委員会を開催し、外部の有識者などの意見を踏まえ、収集しているため」、「保存することを前提に収蔵しており、登録する前に精査している」、「資料の劣化がないため」、「設置当初から、一貫して廃棄、移管などは行なっていないため」、「登録資料の処分は行なわない方針であるため」、「寄贈を受ける際に処分する可能性を説明していないため」、「収蔵品は、将来に残すべき文化的財産のため」、「文化財保護の観点から、処分すべきで無いと考えるため」、「処分する必要性が生じていない」、「処分すべき資料がない」、「処分せず利活用を検討する」という回答も見られた。

一方、「未整理資料があり、収蔵資料全体の把握が不完全なため、廃棄の可能性がある資料があっても廃棄を決定できない。また、資料整理に充てられる時間が少なく、廃棄を検討する余裕がない」、「処分を検討する時期に来ていると感じるが、収蔵品を処分（特に廃棄）することへの社会的コンセンサスが取れていない状況なので、積極的に動きにくい」という意見も寄せられた。

付録　博物館収蔵資料の保管と活用に向けた調査研究　公立博物館アンケート調査結果

収蔵資料の処分に関する規程の有無 (n=313)

収蔵資料の処分に関する規程があると回答した館は22館（全体の7.0%）

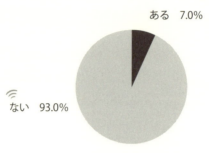

ある　7.0%
ない　93.0%

収蔵資料の処分を決定する第三者機関の設置

(n=22；前項で「ある」と回答した館)

第三者機関を「設けている」と回答した館は3館（全体の13.6%）

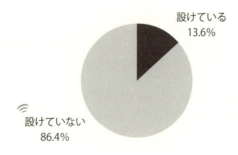

設けている
13.6%

設けていない
86.4%

26 収蔵資料の処分に関する規程の公開

(n=22；24項で「ある」と回答した館)

収蔵資料の処分に関する規程を「公開している」と回答した館は9館（全体の40.9%）

公開していない 59.1%
公開している 40.9%

27 収蔵資料の処分に関する規程作成の検討

(n=258；24項で「ない」と回答した館)

規程の作成について検討したことが「ある」と回答した館は36館（全体の14.0%）

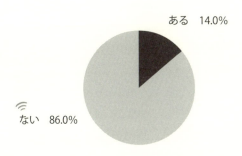

ある　14.0%
ない　86.0%

付録　博物館収蔵資料の保管と活用に向けた調査研究　公立博物館アンケート調査結果

28 収蔵資料の処分に関する規程の必要性 (n=301)

収蔵資料の処分に関する規程はあったほうがいいと思うと回答した館（174館）は全体の半数以上（57.8%）

そう思わない 42.2%
そう思う 57.8%

コメント＋

収蔵資料の処分に関する規程はどのように役立てられると思うかについては、「処分しなければならない状況時の指針となり、廃棄資料について説明する際の根拠となり得る」、「処分の正当な理由づけ、処分を公表する際の内外への説明に役立つ」、「基準を定めることで、処分してはならない資料を誤って処分してしまうことや、逆に処分が必要なのになかなか処分できない資料を処分しやすくなる」、「資料の交換と譲与に関する規程はあるが、他の処分内容に関する規程がないので、決めておいた方が今後の対応がしやすくなると思う」、「処分の規程は後世に遺すべき資料を遺すことに役立てられると考える」、「第三者の意見などがあって処分できるような規程があればと思う。専門的な人が処分の判断にかかわることができるようになると思う」、「資料価値は将来的に高まるものがあることや、過度な資料厳選の動きにつながる恐れがあることから、厳格な規程を設けて実施すべきである」、「収蔵方針の一部として処分も位置付けて考えるほうが良い。限りあるスペースの有効活用や館独自の収蔵資料の特性を引き出すための方法として処分も位置付けたほうが良いと思う」、「職員が替わったとしても、客観的な基準に基づいて判断できる」、「資料が被災した場合や、博物館の統廃合時に必要となる」、「無暗な資料処分を、抑制する規程を設けることが可能と考える」、「博物館資料の廃棄は慎重を期すべきだが、廃棄してはいけないという議論は、現場からすると現実とかなりかけ離れており、負担の軽減や機能の強化にはつながらない」など、収蔵資料の処分に関する規程を定めることに対して、全体的に肯定的な意見が多く寄せられた。「収蔵庫スペースが飽和するなかで、処分が検討できないものであるならば、「処分は行なわない」旨を明文化しておく。明文化しておくことで、設置者に対して、増設・増築などの必要を働きかける根拠とすることもできる」という意見も見られた。

29 設置者などから、収蔵資料の処分について意見されたことがあるか
(n=306)

設置者などから、収蔵資料の処分について意見されたことがあると回答した館は48館（全体の15.7%）

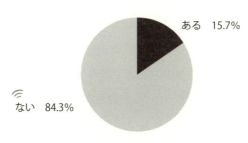

ある　15.7%
ない　84.3%

コメント＋

設置者などから、収蔵資料の処分について意見されたことが「ある」と回答した館に、具体的にどのような意見であったかを尋ねた結果、43館から回答が寄せられた。一つ一つの意見を見ると、公立博物館が直面している「収蔵資料の保管」の状況（課題）を看取することができる。「保管場所がないなら資料の処分を検討できないか」、「このまま資料を処分せずに収集した場合、収蔵場所が不足することから、収蔵資料を取捨選択して処分を検討すべきではないか」、「収蔵庫がいっぱいなら売りにだせないか」、「展示していないものは、処分（売却・譲渡など）すればよい」、「寄託作品を寄託者に返却できないか」などの意見が見られる一方、「収蔵資料は市民の共有財産であるため、処分については慎重に判断してほしい。処分する必要が生じた場合は、寄贈者に対しても十分な説明を行なった上で手続を進めてほしい」という意見も寄せられた。「寄贈を受ける際に、将来的な処分を含め取り扱いの同意をとってはどうか」という意見も確認することができた。

◉シンポジウム

『博物館の収蔵コレクションの現状と課題を考える』開催概要

主　　催：法政大学資格課程

後　　援：公益財団法人日本博物館協会

開催日時：2024 年 5 月 25 日（土）13 時 30 分〜17 時 30 分

　　　　　（対面・オンデマンド開催）

場　　所：法政大学市ケ谷キャンパス　ボアソナード・タワー 26 階

　　　　　スカイホール

プログラム：

総合司会　　　　　　　　　　　　　　　柏女弘道（法政大学・講師）

趣旨説明　　　　　　　　　　　　　　　金山喜昭（法政大学・教授）

報告

　「博物館のコレクション管理状況について

　　　―公立博物館アンケート調査結果より―」　石川貴敏（法政大学・講師）

　「高知県立歴史民俗資料館の収蔵庫問題」　　　岡本桂典（同館・前副館長）

　「栃木県立博物館の収蔵資料の管理と活用」　　篠﨑茂雄（同館・学芸部長）

　「都立文化施設における収蔵品の収集・保管・活用」

　　　　　佐々木秀彦（東京都歴史文化財団アーツカウンシル東京・企画部企画課長）

　「収蔵庫の満杯問題の所在と課題」　　　　　　金山喜昭（　同　　上　）

　「博物館振興を支えるコレクション管理〜課題と展望〜」

　　　　　　　　　　　　　　　　半田昌之（日本博物館協会・専務理事）

　「博物館政策の立場から」

　　　　　中尾智行（文化庁・参事官（文化拠点担当）博物館支援調査官）

「コレクションと社会をつなぐ―イギリスの博物館の取組み―」

竹内有理（乃村工藝社公民連携開発１部・プランナー）

「自然史系コレクションの収蔵問題と国際的な動向」

栗原祐司（国立科学博物館・理事 副館長）

パネルディスカッション：

司会：田中裕二（静岡文化芸術大学・准教授）

登壇者：上記報告者９名

◉シンポジウム（パート2)

開催概要

主　　催：法政大学資格課程

後　　援：公益財団法人日本博物館協会

開催日時：2024 年 7 月 16 日（火）18 時〜20 時（オンライン開催）

プログラム：

趣旨説明　金山喜昭

パネルディスカッション：

司会：田中裕二

登壇者：上記報告者９名　個別補足報告

質疑応答

閉会挨拶　金山喜昭

科学研究費助成事業基盤研究（c）（課題番号 22k01019）
「博物館収蔵資料の保管と活用に向けた調査研究」研究組織

研究代表者：金山喜昭（法政大学キャリアデザイン学部・教授）

研究分担者：田中裕二（静岡文化芸術大学文化政策学部・准教授）

　　　　　　柏女弘道（法政大学・講師）

　　　　　　石川貴敏（法政大学・講師）

　　　　　　渡邊祐子（法政大学・講師）

研究協力者：竹内有理（乃村工藝社公民連携開発１部・プランナー）

　　　　　　今野　農（法政大学・講師）

　　　　　　井上拓巳（さいたま市教育委員会事務局文化財保護課・学芸員）

　　　　　　寺内健太郎（野田市郷土博物館・学芸員）

　　　　　　山本　洋（秩父宮記念スポーツ博物館・学芸員）

著者紹介 （掲載順）

石川貴敏 （いしかわ・たかとし）
1968年生まれ。法政大学兼任講師、株式会社丹青研究所 文化空間情報部 部長 上席研究員
主な論著：2014「来館者調査」『博物館展示論』講談社、2024「企業ミュージアムに見られる最近の変化—改正博物館法施行後にこれからの企業ミュージアムを思考する」『企業と史料』第19集、企業史料協議会

岡本桂典 （おかもと・けいすけ）
1957年生まれ。高知県文化財保護審議会会長、前 高知県立歴史民俗資料館 副館長
主な論著：1987「大井鹿島遺跡と品川区立品川歴史館」『立正大学博物館学講座年報』1、立正大学博物館講座、2015「遺跡の保存整備と遺跡博物館の歴史—四国地域—」『地域を活かす遺跡と博物館　遺跡博物館のいま』同成社、2021「高知県の博物館史と考古学史」『21世紀の博物館学・考古学』雄山閣

篠﨑茂雄 （しのざき・しげお）
1965年生まれ。栃木県立博物館学芸部長
主な論著：2011「民具のデータベース化—栃木県立博物館の事例から—」『民具研究』144、2024「栃木県立博物館文化観光拠点計画の現状と課題について」『博物館研究』670

大木香奈 （おおき・かな）
1986年生まれ。東京都歴史文化財団アーツカウンシル東京 企画担当係長
主な論著：2017「並河靖之の評価—作風の変遷とその成立背景」『並河靖之七宝：明治七宝の誘惑：透明な黒の感性』毎日新聞社、2018「タイルの修復」『旧朝香宮邸物語—東京都庭園美術館はどこから来たのか』アートダイバー、2023「『装飾の庭』をめぐって.アンリ・ラパンの装飾美術」『装飾の庭　朝香宮邸のアール・デコと庭園芸術』東京都庭園美術館

半田昌之 （はんだ・まさゆき）
1954年生まれ。日本博物館協会専務理事
主な論著：1986『塩のはなし』さ・え・ら書房、2000「企業博物館の課題と展望」『たばこと塩の博物館　研究紀要』第7号、たばこと塩の博物館、2017「企業博物館論史」『博物館学史研究事典』雄山閣（共著）

中尾智行（なかお・ともゆき）
1973 年生まれ。文化庁参事官（文化拠点担当）博物館支援調査官
主な論著：2021「博物館の北極星」『ミュージアムデータ』84 号、丹青研究所、2022「博物館は赤字なのか 〜入館料収入をめぐるコストパフォーマンス〜」『日本の博物館のこれからⅣ』山西良平科研報告書、2023「論説　博学連携の展開と新しい学び」『中等教育資料』令和 5 年 7 月号、学事出版、2024「博物館 DX の課題と展望」『博物館 DX と次世代考古学』雄山閣

竹内有理（たけうち・ゆり）
1969 年生まれ。株式会社乃村工藝社、前 長崎歴史文化博物館 学芸員
主な論著：2012「博物館教育の内容と方法」『博物館学Ⅱ　博物館展示論・博物館教育論』学文社、2013「博物館における連携：ボランティア・市民・地域社会」『博物館経営論』放送大学教育振興会、2021『博覧会の世紀 1851-1970 青幻舎』（共著）、2022「イギリスの事例から見た博物館のコレクションとデジタルアーカイブ」『博物館とコレクション管理』雄山閣

栗原祐司（くりはら・ゆうじ）
1966 年生まれ。独立行政法人国立科学博物館 理事・副館長
主な論著：2009『ミュージアム・フリーク in アメリカ』雄山閣、2021『教養として知っておきたい博物館の世界』誠文堂新光社、2022『基礎から学ぶ博物館法規』同成社

佐々木秀彦（ささき・ひでひこ）
1968 年生まれ。東京都歴史文化財団アーツカウンシル東京 企画部企画課長
主な論著：2013『コミュニティ・ミュージアムへ―「江戸東京たてもの園」再生の現場から』岩波書店、2024『文化的コモンズ―文化施設がつくる交響圏』みすず書房

田中裕二（たなか・ゆうじ）
1975 年生まれ。静岡文化芸術大学文化政策学部 准教授、博士（歴史学）
主な論著：2017「公立博物館の外部資金導入―その経緯・事例・課題」『博物館研究』52―12、2021『企業と美術―近代日本の美術振興と芸術支援』法政大学出版局、2022「イギリスのドキュメンテーション資料の受付から受入まで」『博物館とコレクション管理』雄山閣

編者紹介

金山喜昭（かなやま・よしあき）

法政大学キャリアデザイン学部 教授
1954 年、東京都生まれ。
法政大学大学院人文科学研究科博士後期課程（満期退学）。博士（歴史学）。
野田市郷土博物館学芸員、副館長を経て、法政大学キャリアデザイン学部へ。
2008 年 4 月からロンドン大学（University College London）客員研究員（翌年 3 月まで）。全日本博物館学会常任委員、公益財団法人横浜市ふるさと歴史財団理事、公益財団法人茂木本家教育財団理事、東京都江戸東京博物館資料収蔵委員会委員、高知県立歴史民俗資料館資料収集方針・収蔵のあり方検討会委員など。
主要図書：『日本の博物館史』（慶友社、2001 年）、『公立博物館を NPO に任せたら』（同成社、2012 年）、『博物館と地方再生』（同成社、2017 年）、『転換期の博物館経営』（編著）（同成社、2020 年）、『博物館とコレクション管理』（編著）（雄山閣、2022 年）など。

2024 年 12 月 25 日 初版発行　　　　　　　　　　　　　　　《検印省略》

博物館の収蔵庫問題と新たなコレクション管理

編　者	金山喜昭
発行者	宮田哲男
発行所	株式会社 雄山閣
	〒102-0071　東京都千代田区富士見 2-6-9
	TEL　03-3262-3231 ㈹／ FAX 03-3262-6938
	URL　https://www.yuzankaku.co.jp
	e-mail　contact@yuzankaku.co.jp
	振替：00130-5-1685
印刷・製本	株式会社ティーケー出版印刷

©KANAYAMA Yoshiaki 2024　　　　　ISBN978-4-639-03019-5 C0030
Printed in Japan　　　　　　　　　　N.D.C.069 180p 21cm